もう銀行はいらない

上念司

ダイヤモンド社

もう銀行はいらない

目次

序章　質屋と同じ銀行なんていらない

第1章　非効率極まりない銀行業務

第2章 銀行の消える日がやってくる

第3章 消費者金融も焼け石に水

第4章　銀行経営はがんじがらめ

第5章 銀行と裏社会

第6章 何も変わらない銀行の体質

第7章　「銀行大崩壊時代」の結末

終章 日本の銀行が変わる究極のプラン

序章

質屋と同じ
銀行なんていらない

「実績がない」と銀行で門前払い

私は大学を卒業後、２００1年にサラリーマンを辞めて独立し、18年になります。そんな私が、２０１8年に初めて銀行融資というものを受けてみました。

どうしても資金が必要だったというわけではありません。ある先輩経営者から「一度は銀行とおつき合いして、パイプを作っておいたほうがいい。いざというときがあるから」とたびたび言われていたので、融資を受けてみようと思っただけです。

そもそも私は、銀行からの借り入れに消極的でした。それには理由があります。いや、トラウマと言ったほうがいいかもしれません。２００1年に独立して以来、2回ほど銀行に嫌な思いをさせられたことがあったのです。

1回目の嫌な思い出は、２００4年に預金口座の新規開設を断られたことでした。それまで私は個人事業主として仕事をしていましたが、この年に株式会社化して、あるメガバンクに口座を開こうとしたのです。

支店の窓口に出向いて新規口座開設を申し出ると、担当者の表情が曇るのがわかりました。

「法人様の場合、新規での口座開設はちょっと難しいのですが……」

私は理由がわからず、その担当者に尋ねたところ、「実績がない法人様の口座開設は無理なのです」と言います。新しく法人を設立して、これから取引を開始するのですから、実績がないのは当たり前です。いったい何を言っているのか、わけがわかりませんでした。

実績というのが、仮に「営業実績」のことならば、私は2001年から個人事業主として開業しており、実績をあげています。今回の株式会社化も事業拡大にともなうものであり、顧客もすべて引き継ぐ予定でした。

しかし、そのことを説明しても、「それは実績と言わない」と取りつく島もありません。何を説明しようと、「実績がない」の一点張り。法人登記が終わっていたので、会社情報が登記された登記簿謄本を持参していたのですが、担当者はそれを見ようともしません。

埒《らち》が明かないので、「私が個人で口座を開いて、そこに一定額以上の預金をすればよいでしょうか？」と提案してみました。それでも「それは実績にならない」の一点張りです。結局、「実績」とは何を意味するのか一切わからないまま、私は門前払いを食らいました。

これは間違いなく差別です。「日本の銀行は一見さんに冷たい」私はそう感じたのでした。

確かに、起業したばかりの会社なんて、その先どうなるかわかりません。しかし、銀行口座を開設できなかったら、そもそも仕事ができないではありませんか！　なぜ、そんな意地悪をするのか、いまでも当時の担当者を問い詰めたい気分です。

大変残念なことに、この不思議な商慣行はいまだに継続しています。起業したばかりの私の後輩が、最近同じ目に遭いました。都内の某信用金庫の窓口で「設立1年未満の法人は新規口座開設できません」と言われたそうです。

もちろんその理由は一切説明されませんでした。狂っているとしか思えません。

わけのわからない「制度融資」

あれから10年以上の年月が流れ、2016年に2回目の嫌な思い出ができました。

ある経営者同士の飲み会の席で、銀行との取引が話題に上りました。私が無借金経営をしているという話をすると、尊敬する先輩経営者から「一度は銀行とおつき合いして、パイプを作っておいたほうがいい。いざというときがあるから」とアドバイスをもらいました。

この話の2年ほど前（2014年）から私は、総合格闘技ジムのフランチャイズ経営を開始し、その2年間ですでに4店舗ほど展開していました。経営は順調だったので店舗数をさらに増やしていくことを考えると、銀行融資を受けておくことは確かに悪い話ではありません。

物件を借りる際に必要な保証金や、新規出店するための工事費などは、費用化できずに資産計上されるため、キャッシュフロー（現金収支）が悪化します。その部分だけでも銀行融資で手当てできれば、経営は楽になります。

また、２０１６年1月から日銀によるマイナス金利政策が始まったことも、私の背中を押しました。これにより銀行融資の金利がかなり低くなっていたため、ジムの出店資金を銀行融資でまかない、店舗運営が軌道に乗って利益が出てきたところで、無理なく少しずつ返済していくことができます。

これはまさに無から有を生む打ち出の小槌《こづち》のようなビジネスモデルです。「物件と人材さえ確保できれば、いくらでも店舗展開できる」私はそう思いました。

そこで早速、地元の信用金庫に連絡しました。すると、融資担当者が私の事務所まで来てくれました。来訪した担当者を前に「私は２０１４年からジム事業を開業して店舗数は順調に増えており、今後もさらなる店舗展開を考えている」といった話に熱弁を振るいました。ところが、話せば話すほど担当者の表情が曇っていきます。

彼は私の話など上の空のようでした。何か嫌な予感がします。すると、私の話を遮《さえぎ》るように、その担当者はこう言いました。

「そうですか、では制度融資がよろしいかと思います」

制度融資とは、利子の一部を地元の自治体が補給する公的融資制度です。当時は１・７％

の貸出金利のうち0・4％を自治体が負担してくれるという触れ込みでした。

しかし、よく話を聞いてみると、制度融資を利用するためには「信用保証協会」の保証が必須でした。信用保証協会とは、中小企業が融資を受ける際、信用や担保が不足して必要な資金の借り入れが難しいとき、その不足を債務保証する役割とされています。

その信用保証協会の保証料とは、年に融資額の0・4％とのこと。何のことはない、自治体による利子補給と信用保証協会の保証料で「行って来い」、つまりプラスマイナスゼロということです。

いったい、この制度に何の意味があるのか、さっぱりわかりません。そもそも、マイナス金利のご時世に1・7％の金利は高すぎます。

そこで、私は「もっと金利を安くしてもらいたいので、制度融資を利用するのではなく、相対《あいたい》で融資してもらうことはできないでしょうか?」と尋ねました。ところが、その担当者は、「相対の場合、審査が厳しく時間も手間もかかるうえ、実際に融資できるかどうかわかりません」と言います。とにかく制度融資に誘導しようとする姿勢がミエミエでした。

その場でブチ切れそうになるのをこらえ、私はこの信金の担当者を事務所から追い出しました。以前の悪夢がよみがえります。

「私のような一見さんには、このような仕打ちが待っているのか……」

実績や将来性よりコネを重視

悲しみに暮れているとき、一つのアイデアが浮かびました。

「もしかしたら、あの銀行なら話を聞いてくれるかもしれない」

あの銀行とは、私を2004年に門前払いしたのとは〝別の〟メガバンクのことです。

そのメガバンクは当時、法人登記さえしていれば、口座の新規開設を認めてくれたのです。おそらく私が個人事業主だったときの口座をその銀行に置いていて、そこから個人が法人を設立する「法人成り」だったということが関係していたのかもしれません。

いずれにしても、あれから12年ずっとおつき合いがあるのだから、何とかなるだろう。少なくとも、使えない制度融資を頑《かたく》なに勧めてきた、あの信金担当者よりはマシなのではないか。そう思ったのです。

私は早速、そのメガバンクに電話して融資担当者につないでもらいました。「先ほど信金と話したのですが、一見さん扱いで門前払いされました」と伝えると「社長、大変でしたね」と融資担当者は同情的です。「よし、これはいけるかもしれない」と期待しました。

そこで張り切ってジム事業の今後の展開などについて話し始めようとした矢先、私の話を遮るように、その担当者はこう言いました。

「ご安心ください、うちにはいいプランがあります。制度融資です」

私は椅子から転げ落ちそうになりました。「バカヤロー、さっきと同じじゃないか！」と言いたい気持ちをグッとこらえ、丁寧に電話を切りました。まったく話になりません。

融資実績がないと、銀行や信金はこんなにも塩対応なのか。いくら事業が順調で、いくら稼いでも、中小零細企業にはこんなにも冷たくて、ゴミ扱いするのか。これが私の率直な感想でした。

こうしたことがトラウマとなり、私はずっと銀行融資に背を向けて、無借金経営を続けてきたのです。

後で知ったことですが、銀行はコネがあれば、かなりいい条件でお金を貸してくれるそうです。私が顧問を務めているある教育系ベンチャー企業は、株主である投資ファンドの紹介で銀行融資をオファーしたところ、制度融資より1％も低い金利で即座に融資が決まったそうです。しかも、無担保で、中小企業向け融資にありがちな経営者の個人保証もなし。

この株主のファンドの投資先は十数社あり、銀行融資を受けている会社も多く、銀行にとってみれば大口顧客です。その大口顧客の投資先であれば、私のような扱いは受けないというわけです。

この話のポイントは、信金や銀行の融資は事業の中身や将来性よりも、「誰の紹介か」ということが重視されているという点です。いったい、いつの時代の話なのかと愕然《がくぜん》としたのは言うまでもありません。

銀行には融資の審査能力がない

しかし、チャンスは思わぬところから転がり込むものです。あの
経ったある日、私にあるメガバンクから営業の電話がかかってきま
払いされたメガバンクやそのときに口座を開かせてくれた別のメ
メガバンク〟です。

その電話は、投資信託の運用を金融機関に任せる「ファンド
う、単なる飛び込み営業でした。最初はすぐに電話を切ろうか
きました。ファンドラップの購入をエサに、融資の相談ができ

そこで、私は「事業をやっているので、そちらの融資とセ
を検討してもいい」と伝えました。

…ら2年

このアポイントメン
融資が決まりま
した。
は全

その担当者は、このエサに見事に釣られました。数日後に融資担当者[illegible]トを取ることができたのです。そして信じられないことに、それからすぐに[illegible]した。しかも相対融資で、金利は取引先ファンドの紹介並みに低く、担保も不要で[illegible]しかし、問題はありました。個人保証が必要なうえに、個人でファンドラップを結構[illegible]額で購入することが条件になったのです。それでも金利面での条件を担当者がかなり頑張ってくれたので、融資を受けてみることにしました。

「世の中にはいい銀行もあるものだな」と思いました。これが２０１８年に初めて受けた銀行融資の顛末です。

〝第3のメガバンク〟の担当者によれば、「御社の場合、2年前の決算書であっても、当行ならおそらく審査に通ったと思います」とのこと。以前、私が信金と銀行にアプローチした際は、何のコネもなかったので制度融資の担当につながれてしまったのかもしれません。

実際、決算書を見ようともせず、制度融資を機械的に勧めてきただけでした。彼らは営業成績をあげるというよりも、営業マニュアル通りに業務を遂行しただけのことだったのかもしれません。

あの担当者ともっと粘り強く話して権限者を引っ張り出すか、別の銀行を根気よく回れば、また違った展開はあったかもしれません。しかし、私にはそんな暇はなかったし、そもそもそこまで資金を必要としていませんでした。

半年に1店というジムの新規出店ペースから考えても、そんな手間をかけるぐらいなら自己資金で自由にやっていたほうがマシです。実際に今回のケースでさえ、銀行融資がなくても経営的にはまったく問題はなかったのですが、思いのほか簡単に融資が決まったので利用してみただけのことです。

負け惜しみではありませんが、私にお金を貸さなかった信金と銀行は本当に損をしたと思います。銀行の収益は、主に融資や手形割引による「金利」、外国通貨に交換する際の「為替手数料」、投資信託などの「販売手数料」です。その中でも、本来は融資による金利収入こそが銀行の収益の柱です。

あのとき、金利が多少低くても私に融資しておけば、私も新規出店ペースを半年に1店から2店に増やしていたかもしれません。銀行はお金をたくさん貸すほど金利収入が増えて儲かりますから、相手が返す見込みのあるお金なら、融資したほうがいいに決まっています。

私の事業についてもっとまともに話を聞いて、疑問点があればその場で質問し、権限者につないで審査を受けさせてくれればよかった。自分で言うのも何ですが、私の事業はその後も順調で、銀行にとっては優良な貸出先になっていたはずです。ジムは２０１９年5月現在、11店舗に増えており、新店舗も準備中なのですから。

ところが、当時は紹介もなかったことから婉曲《えんきょく》に断られました。

なぜそうなのか？

恐ろしいことに、銀行には融資の審査能力がないのです。

お金を持っている人にお金を貸す？

銀行にとって、融資の審査能力こそが自らの価値を生み出す「コア（中核）スキル」であり、腕の見せどころのはずです。ところが、それを持ち合わせていない。それでよくお金を貸せるものだと思いますが、現実にないものはないとしか言いようがありません。

では、銀行はどうやって審査して融資しているのでしょうか？

銀行が融資を判断する基準は極めて単純です。大変残念ですが、もともと返せるお金を持っている人かどうかを判断しているだけなのです。

つまり、不動産など担保になる資産を持っている人であれば、お金を貸して利子を得る。ブランド物の時計やバッグを質《しち》として預かる代わりに、お金を貸して利子を得る質屋とやっていることは変わりません。

事業の将来性なんて、誰にもわかったものではありません。失敗するリスクだってあります。そこで、銀行は仮に失敗しても「とりっぱぐれのない人に貸す」と開き直っているわけです。逆に、お金（担保）を持っていない人には貸しません。だって、失敗したら借金を返せないじゃありませんか。

銀行の審査業務は、言ってみれば初心者でもできる単純な仕事です。そもそも人間がやる必要があるのかどうかも疑わしくなってきました（このことについては後述します）。

とはいえ、不動産担保を押さえていても問題は起きます。その不動産価値が下がってしまった場合、とりっぱぐれてしまうからです。バブル崩壊後の90年代、このケースが数えきれないほど発生しました。

当時、土地の価格は右肩上がりで、「土地の値段は上がることはあっても、下がることはない」という〝土地神話〟がありました。みんなこの神話を信じていたのです。だから、銀行はその下がるはずのない土地を担保にお金を貸しまくりました。ところが、土地の価格上昇が止まり、下落に転じると「担保割れ」を起こすようになったのです。

銀行はバブル崩壊後、2年だけ我慢しましたが、それ以上は無理でした。土地価格の下落で帳簿上担保不足になった個人や企業から、容赦なく借金を取り立てたのです。

これは、たとえ返済が滞ったことがなくても、融資を減額したりやめたりして、強引に回

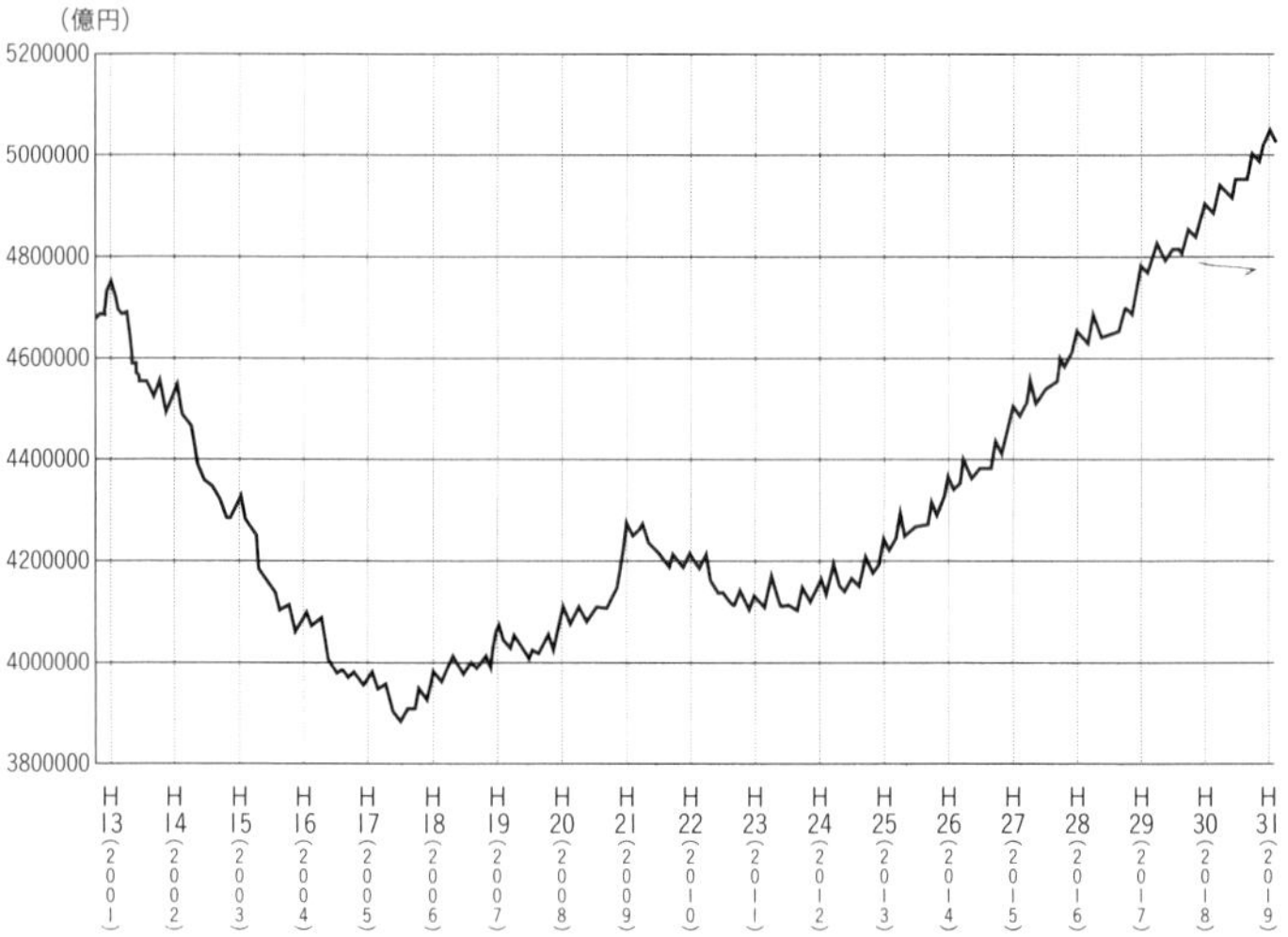

貸出金推移（単位：億円）
出典：日本銀行　http://www.stat-search.boj.or.jp/ssi/mtshtml/md11_m_1.html

収する「貸しはがし」というやつです。また、資金を必要とする企業や個人への「貸し渋り」も始まって、多くの人が路頭に迷ったのです。

　さすがにいまでは、この手の貸しはがしはなくなりました。しかし、担保を持っている人に貸すという銀行のスタンスは変わっていません。多少変わったとしたら、その基準が時の経済情勢と監督官庁の指導に応じて多少緩くなったり、厳しくなったりするぐらいのことです。

　実はそんな変化が、統計データにも表れています。上のグラフが示す通り、２０１３年から日銀による大規模な金融緩和が始まり、確かに銀行融資の総額は増えています。

　ところが、これを業種別にみてみると面白

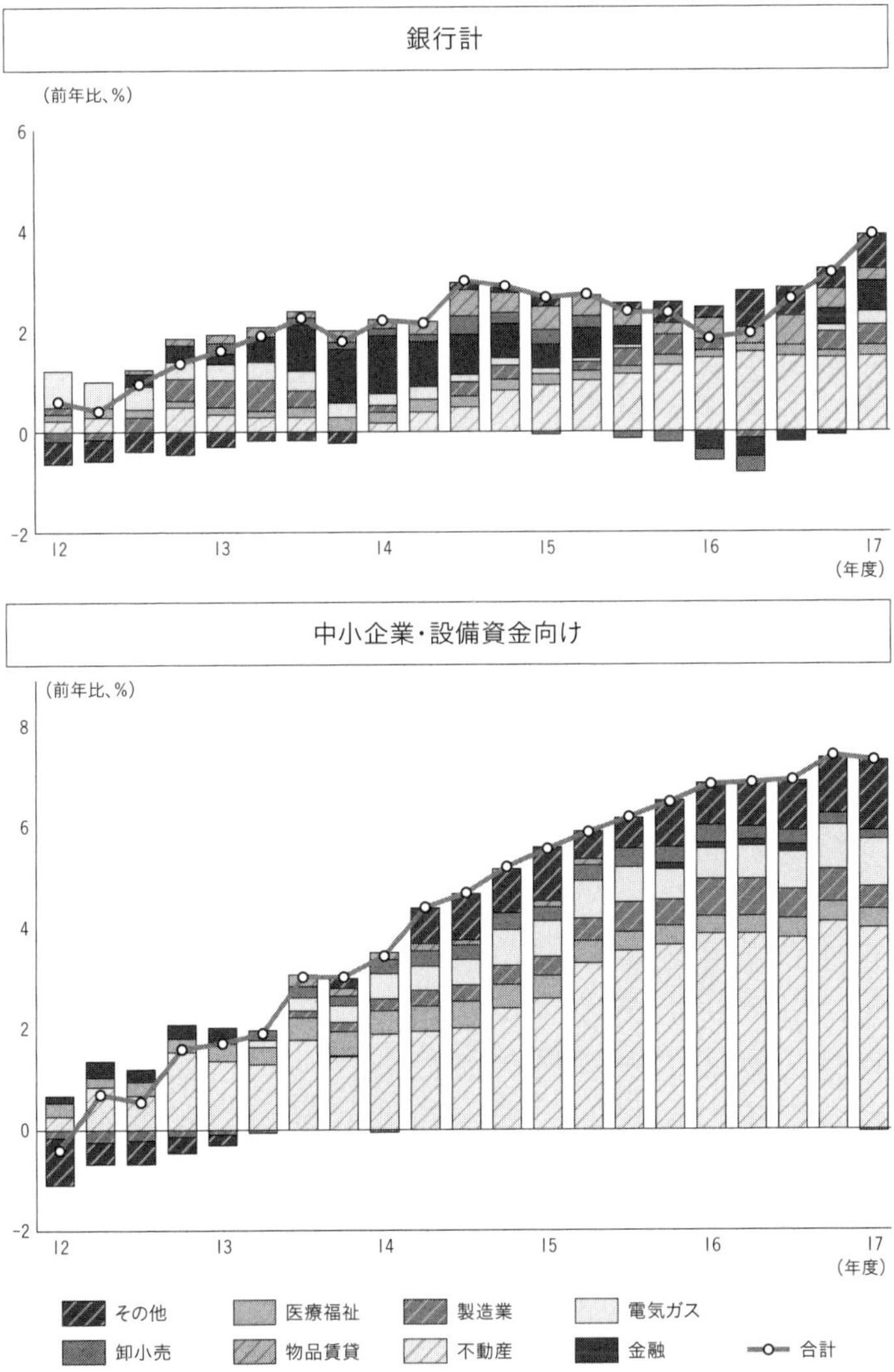

銀行の業種別貸出　　(注)直近は17年6月末。海外円借款、国内店名義現地貸は除く

出典:金融システムレポート2017年10月　https://www.boj.or.jp/research/brp/fsr/data/fsr171023a.pdf

いことがわかります。結論を先に言うと、この融資の伸びをけん引していたのは「不動産業」だったのです。

次のグラフで確かめてみましょう。

貸し出しは全体的に伸びています。特に中小企業の設備資金向けの貸し出しは、全体で前年比８％まで伸びています。これ自体は決して悪いことではありません。

しかし、問題は中小企業向けの融資であっても、一番伸びているのが「不動産」であることです。このグラフから読み取れることは、日本の工業力の礎《いしずえ》である製造業への貸し出しの伸びが極めて低いということです。

金持ち大家が「カモ」になる

この傾向は企業向け融資だけでなく、個人も含めた融資全体の傾向としても観察できます。次ページのグラフをご覧ください。

大手行（メガバンク）は中小企業向けの銀行融資が大きな割合を占めていますが、実はこの伸びをけん引しているのが不動産業です。

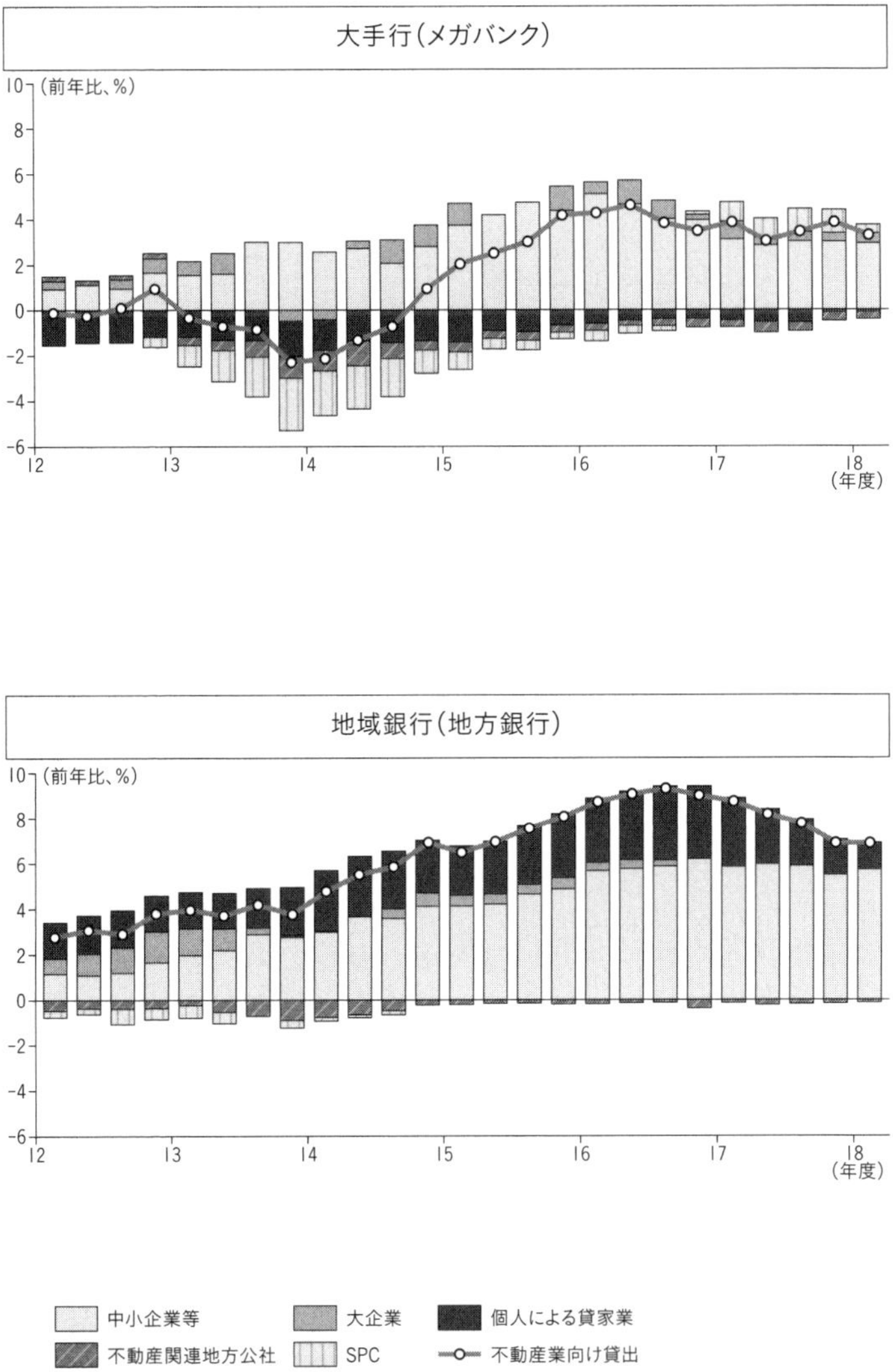

不動産業向け貸出の内訳　(注)直近は2018年6月末
出典：金融システムレポート2018年10月　https://www.boj.or.jp/research/brp/fsr/data/fsr181022a.pdf

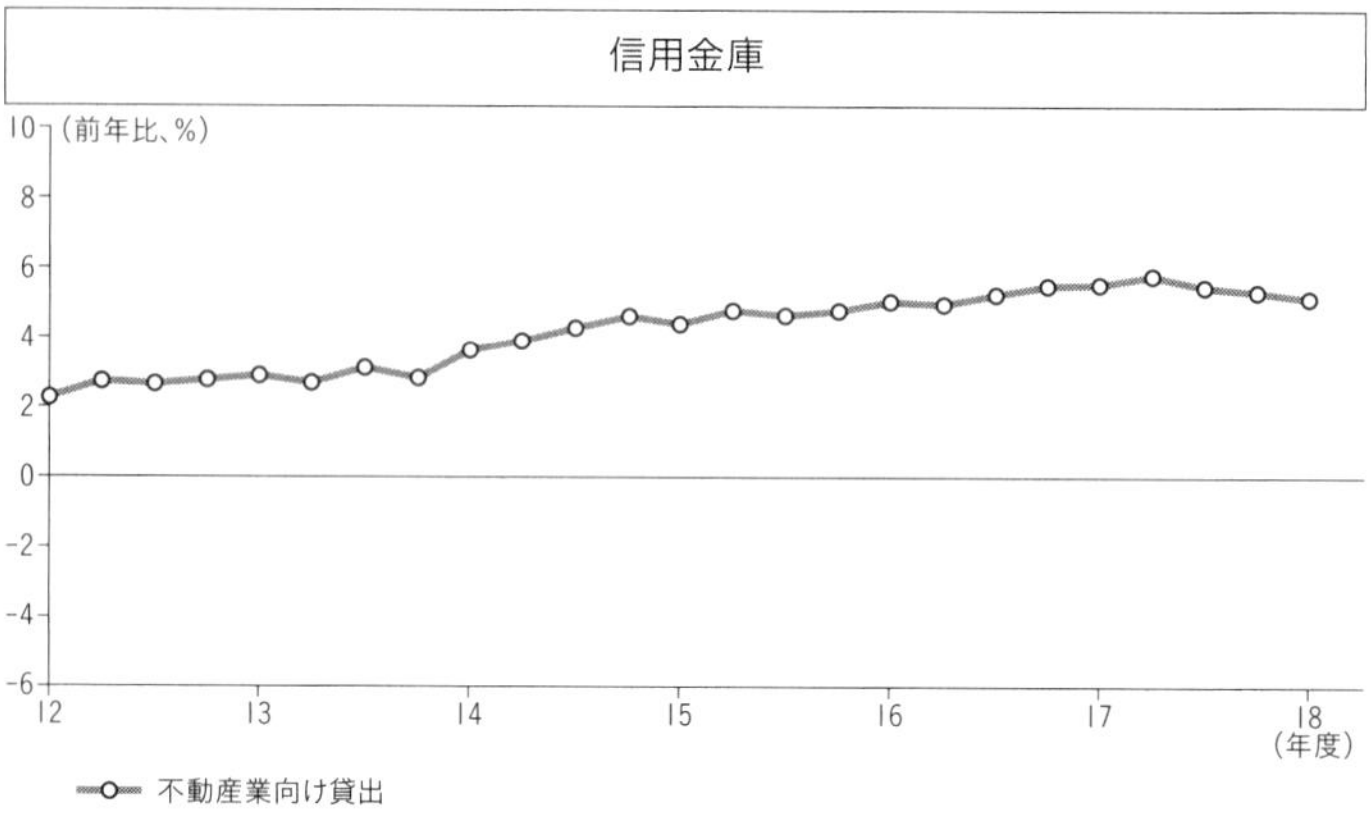

不動産業向け貸出の内訳　（注）直近は2018年6月末
出典：金融システムレポート2018年10月　https://www.boj.or.jp/research/brp/fsr/data/fsr181022a.pdf

地域銀行（地方銀行）のグラフを見ると、2016年頃まで「個人による貸家業」の伸びが顕著です。信用金庫も不動産向け貸出が増加していることが確認できます。

これは、アパートやマンションを建てる個人向けの「アパート・マンション（アパマン）ローン」と呼ばれるものです（この件については、あまりに根の深い病巣なので後ほどみっちりと検証します）。グラフから傾向を分析すると、地銀もメガバンクも不動産向けの融資を2016年頃まで右肩上がりに伸ばしていました。信金はその動きにやや遅れてついてきた感じで、ピークは1年遅れの2017年になっています。

地銀は特に「個人による貸家業」に向けた融資を増大させたことが見て取れます。

この点について日銀は、次のように解説しています。

不動産業向け貸出の内訳を業態別にみると、大手行では、不動産投資信託（ＲＥＩＴ）を含む中小企業等向けを中心に、貸出残高は前年比３％台の伸びとなっている（図表Ⅲ－１－14）。地域銀行では、大手行に比べて残高の伸び率は依然として高いものの、個人による貸家業向けの減速を主因に、２０１６年末をピークとして伸び率は低下傾向にある。この背景として、供給側では、与信の業種集中への意識や、業者からの持込案件の質の悪化等から貸出スタンスを慎重化させる金融機関が増えていることが挙げられる（Ⅴ章参照）。また、需要側では、空室率が一部エリアで上昇するなど貸家市場の需給に緩みが生じていることや、収益の見込める好立地の投資物件が減少していることなどが寄与しているとみられる。ただし、既述の通り、信用金庫の中には、不動産賃貸業向け貸出をより積極化させている先もみられる（図表Ⅲ－１－12）。

［出典：金融システムレポート２０１８年10月］
https://www.boj.or.jp/research/brp/fsr/data/fsr181022a.pdf

賃貸住宅を建てると税務上の資産評価を圧縮できるケースが多いということもあり、貸家業を営む個人は節税対策を目的とする土地持ちの資産家が多いです。

彼らは土地だけでなく、預金、株式などもたくさん保有しているため、銀行に担保を十分に差し出すことができます。銀行は事業の将来性よりも担保を重視しているということが、ここでも見て取れます。

もちろん、アパートやマンションを建てまくったら、賃貸市場はいずれ供給過剰になり、予定した家賃収入は得られなくなるだろうことは、素人にでもわかりそうなものです。ところが銀行は、「供給過剰なのでやめておいたほうがいいですよ」などというアドバイスはしません。なぜなら、アパマンローンを申し込んでくる人は、いいカモになるからです。

このカモこそが、非効率で時代遅れの銀行のビジネスモデルを支えてきました。それは、先ほど見た25、26ページのグラフでわかることです。非常に腹立たしいことですが、ここではこれぐらいにしておきましょう（後ほど詳しく解説しますのでご期待ください）。

第1章

非効率極まりない銀行業務

ベンチャーキャピタルでさえ銀行系は渋い

たいていのベンチャー企業は創業して日が浅く、会社には資産などありません。あるとしたら経営者の個人資産ぐらいでしょう。

私は前述した通り、２０１８年に初めて銀行融資を受けたのですが、担保の代わりに個人保証を要求されました。それほど融資額が多くなかったので何とかなりましたが、個人保証ができないほどの資金を要するビジネスを展開したい人はどうなるのでしょうか。

この問題を「カネもないくせに大言壮語《たいげんそうご》する奴が悪い」といった倫理観で片づけてはいけません。世の中を変えるイノベーションは、無謀な考えから生まれることが多いからです。

どんなビジネスアイデアも、本来は経営者の個人保証や担保がなくても、アイデアそのものがお金を生み出しそうかどうか、その「事業性」を評価して融資されるべきです。事業性を審査する能力こそ銀行のコアスキルであるべきですが、それがない。

いまごろになって事業性評価に基づく融資の拡大を標榜する銀行も増えつつありますが、これまで担保主義で融資してきたのですから、事業性評価に必要な審査能力は備わっていません。

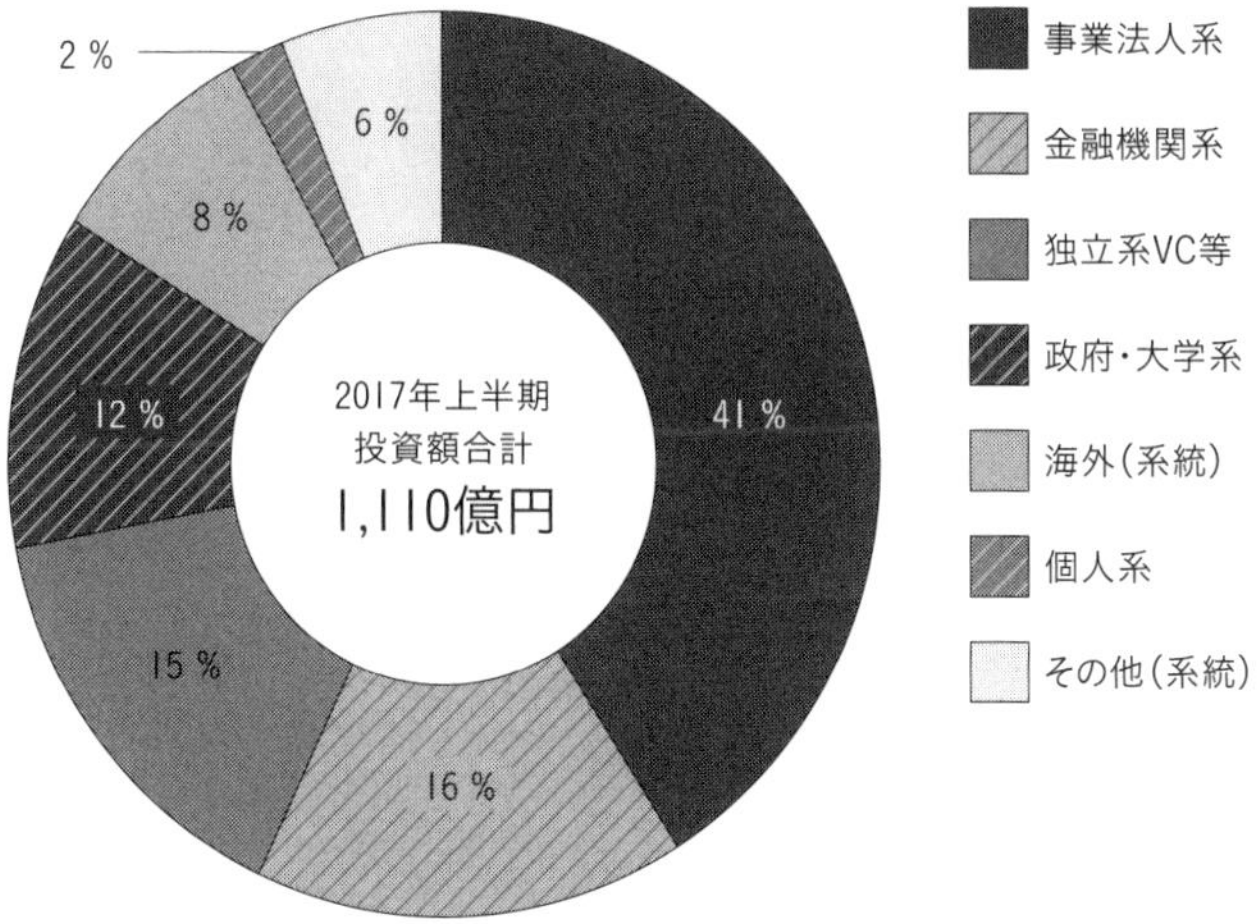

2017年投資家タイプ（系統）別投資額割合
出典：株式会社ジャパンベンチャーリサーチ　https://entrepedia.jp/reports/80/download

こうした背景があるため、日本のベンチャー企業は、新興企業に投資するベンチャーキャピタル（ＶＣ）に話を聞いてもらって出資してもらっています。最近でこそ学生の就職人気も高まっているＶＣですが、その活躍が目立つようになったのは平成になってからのことです。

上のグラフは２０１７年上半期のベンチャー企業向け投資資金を、出し手であるＶＣの業種によって分類したものです。

金融機関系ＶＣの投資額は、わずかに16％。銀行よりもリスクを負うＶＣですら、銀行系だとこの程度でしかありません。これを見れば、親会社の銀行がもっとリスク回避的なのは当然と言えるでしょう。一方では、日本のベンチャー企業が、銀行や銀行系のＶＣなどあまりアテにしていないようにも見えてきます。

２０１３年4月以降、デフレ脱却や景気刺激のため、日銀の黒田東彦《はるひこ》総裁が「黒田バズーカ」と呼ばれる強力な金融緩和策を３回発動し、日銀が潤沢な資金を民間の銀行に供給しています。たくさんお金を持っている銀行は、その分、企業や個人への融資を増やしたほうが儲かるはずなのに、なぜかそれをしません。それどころか、新規口座を開設させないなどの意地悪を平気でやります。実際、私の後輩は最近やられました。

もちろん、中小零細企業でも担保価値のある資産があれば、銀行は簡単に融資してくれます。例えば、不動産を保有する資産家の管理会社などです。しかし、新しいビジネスを生み出そうとする起業家に、銀行はとても渋い。これはスタートアップベンチャーの経営者からよく聞く話でもあります。

せっかくいいビジネスアイデアを思いついても、銀行が事業性よりも担保の有無ばかり気にしてお金を貸してくれない。銀行以外から資金調達しようにも、日本のベンチャーキャピタル市場は、海外に比べて絶対的な規模で劣ります。その結果、いいビジネスアイデアがあっても、なかなか資金を得ることができません。

大量にチャレンジする人がいるからこそ、多数の失敗が生まれても、ある一定の確率でスマッシュヒットが生まれます。チャレンジの総量が少なければ、スマッシュヒットも減る、もしくは生まれない。なぜこんな簡単なことがわからないのでしょうか。

銀行は本来、世の中の企業や個人を、融資を通じて支援することが使命のはず。こんな状態で日本発のイノベーションなど期待できないことは明らかです。銀行が社会的役割を果たさないばかりに、目に見えないところで国力がどんどん低下したのでは、たまったものではありません。

日本のベンチャー投資はゴミのような金額

ジャパンベンチャーリサーチ社の調べによれば、２０１７年の日本におけるベンチャー企業の資金調達額は過去最高の総額２７１７億円でした。一見、凄そうな金額に見えるかもしれませんが、話にならないくらいの少なさです。

同年の全世界のベンチャー投資額は18兆円ですから、これに比べたらゴミのような金額なのです。

北米の投資額は、世界全体の約半分の８・４兆円にも達します。しかも、日本国内のベンチャー投資は、アジアの中でも地盤沈下気味になっています。

次の記事をお読みください。

世界のベンチャー企業への投資額が2017年に前年比49％増の1644億ドル（約18兆円）となり、2年ぶりに過去最高を更新した。北米地域が17％の伸びにとどまる一方で、中国やインドなどアジア地域が2・2倍に急増。北米に偏っていたベンチャー投資がアジアへと広がっていることが鮮明になった。調達額が数十億ドルにのぼる大型案件も目立った。（中略）

アジアのベンチャー投資額は17年に初めて700億ドルを上回り、北米の745億ドルに迫った。16年の段階では北米とアジアで2倍近い差があったが、シリコンバレーのベンチャー投資が一服するなかでアジア企業への投資の伸びが際立った。

――［出典：ベンチャー投資、アジアが北米に迫る、17年は2・2倍に急進　日本経済新聞（2018年1月16日）］

https://www.nikkei.com/article/DGXMZO25749440W8A110C1FF2000/

アジア全体のベンチャー投資は約7・9兆円。日本のベンチャー投資は0・27兆円。ざっくり言うと30分の1しかありません。これだけ低金利が続いているにもかかわらず、銀行は何をやっているのでしょうか？　やはり事業性の審査能力は皆無で、担保ばかり気にして質屋みたいになっているとしか思えません。

そういえば、パナソニック（松下電器産業）創業者の松下幸之助氏も創業当初、何度も資金繰りに困り、そのたびにお嫁さんの親戚にお金を借りに行ったという逸話が残っています。それから1世紀経ったいまですら、状況はあまり変わっていません。

結局、ベンチャー企業に残された資金調達の手段は、友達や親戚からお金を借りるか、せいぜいネット上で不特定多数の人から資金を募る「クラウドファンディング」ぐらいしかない状況です。

仮に融資するお金が銀行に足りないのなら、仕方ありません。しかし、実際には「黒田バズーカ」によって日銀が史上空前の金融緩和を行っており、銀行には資金がジャブジャブあふれている状態です。

そのせいで金利がとても低くなっているにもかかわらず、担保価値ばかり計算して事業性を見ない（見る能力がない）。これは、もう病気と言っていいレベルだと思えてなりません。

しかし、それでは済まされないのです。なぜなら、銀行は企業に資金を供給することを通じて、日本経済全体において重大な役割を果たしているからです。本来、この役割をしっかりと果たすために日銀や金融庁が指導しているはずなのですが、実際にはそうでもないようです。

「お金創造機能」のない銀行は存在価値なし

銀行の社会的な役割は、「預金」「貸付」「清算」と言われます。しかし、これはあくまでも銀行業務の役割でしかありません。銀行がマクロ経済全体の中で果たすべき本当の役割は、もっと大きなものです。その役割とは「信用創造機能」です。

信用とは「クレジット」のこと。クレジットカードのクレジットと同じで、それを「お金」と読み替えても構いません。わかりやすく言うと、銀行の役割とは「お金創造機能」ということです。

誤解を恐れずに言えば、お金の量を増やすのは中央銀行（日本なら日銀）だけでなく、民間の銀行にもできます。もちろん、民間の銀行が勝手にお札や硬貨を造れば通貨偽造の罪になってしまいます。ですから、お金を創造すると言っても、物理的にお札を印刷するようなことではありません。

民間の銀行は企業や個人への融資を増やすことで、世の中全体に存在するお金の量（マネーストック）を増やすことができるのです。そのメカニズムを拙書から引用して、簡単に説明しておきましょう。

日本全体に存在する貨幣の量のことを「マネーストック」と言います。現在、マネーストックは日銀の発行した現金と、日銀当座預金と、すべての民間の金融機関が持っている預金の量を合計したものになります。マネーストックは民間の金融機関が貸し出しを増やすと増加し、貸し出しを減らすと減少します。

そのメカニズムは簡単です。金融機関は顧客から預金を預かることでまず口座残高の合計を増やします。そして、そのお金を貸し出す際に、貸出先の企業や個人が持っている自行の口座にお金を振り込むため、さらに口座残高の合計が増加するわけです。

なんだかインチキのように聞こえますが、これこそが銀行の「信用創造」と呼ばれる機能なのです。簡単に図解しておきましょう（次ページ表）。

X銀行にお金を預けている人が、一斉に現金を引き出さない限り、X銀行は潰れることはありません。仮に、B、C、D間に取引があった場合は、X銀行は口座間で電子データをやり取りするだけで決済を終えることができます。また、他の銀行とのやり取りがあった場合は、双方の銀行で取引を相殺し、もし不足分があれば一時的に日銀や他の銀行から借りてやり過ごせばいいわけです。

このようなメカニズムを背景として持つからこそ、銀行が融資に積極的になれば口座

実際の取引	銀行の内部処理	X銀行の預金残高合計
X銀行がAさんから100万円の預金を預かる	外部から100万円の入金	100万円
X銀行がBさんに100万円貸し出す	X銀行内にあるBさんの口座に100万円振り込み	200万円
X銀行がCさんに100万円貸し出す	X銀行内にあるCさんの口座に100万円振り込み	300万円
X銀行がDさんに100万円貸し出す	X銀行内にあるDさんの口座に100万円振り込み	400万円
X銀行がnさんにm万円貸し出す	X銀行内にあるnさんの口座にm万円振り込み	預金残高の合計がm万円増加

の残高は幾何級数的に増えてマネーストックが増加するのです。

マネーストックが増加すればそれだけ世の中にお金が行き渡り、景気は良くなります。

―［出典：『経済で読み解く日本史　第Ⅰ巻　室町編』上念司著（飛鳥新社）］

基本的にお金の量が増えるときに景気はよくなり、お金の量が減るときに景気は悪くなります。度を越してお金の量が増えると、かえって景気を悪化させますが、それは年に2ケタ以上の物価上昇（インフレ）率での話です。

2019年3月の食料とエネルギーを除いた消費者物価の総合指数（コアコアCPI）で見たインフレ率は、たった0・6％にすぎません。

日銀は「物価の安定を図る」役割を担うことが

法律で定められていますが、いまの日銀は物価上昇率2％が、物価の安定を図る状態と考えています。その状態に遠く及ばないいま、世の中全体に存在するお金の量（マネーストック）をもっとたくさん増やしても、まったく問題はないのです。

つまり、銀行がもっとリスクを負って企業や個人への融資を増やしたほうが、日本経済にとってはいいことが起こるわけです。逆に言えば、融資を渋る銀行は日本経済にとって存在意義がありません。

お金を貯め込んでせき止めているのであれば、その存在は日本経済にとって害悪でしかないのです。

ところが銀行は、担保や個人保証を差し出せる人にしか融資をしない。だからまるで質屋のようだと言っているのです。

その行動原理は、私の事業の話もろくに聞かず、出回りの制度融資を勧めてきたことや、個人資産を担保に差し出すと言えば、すぐに融資してくれたこととも整合的です。

私から見れば、こんな単純な仕事をしていても成立するのですから、とても楽な商売に思えてきます。まさに「岩盤規制に守られた貴族」これがいまの銀行の姿です。

メールを使えずファクス送信を要求する地銀

そんな銀行に異変が起こっています。ぜんぜん儲からないのです。正確に言えば、もうずいぶん前から儲からなくなっていたのですが、ここにきてついにその痛みに耐えられなくなってきました。

銀行業界にものすごいリストラの嵐が吹き荒れているのは、そのせいです。2017年にメガバンクが相次いでリストラ策を発表し、全体で3万2000人の削減が実施されることになりました。

私が大学卒業後、日本長期信用銀行に入ったのは1993年でした。私と同世代のバブル期に採用された銀行員は、もうひと息で定年逃げ切りだったのに、最後の最後で「トラップカード発動」となってしまいました。彼らの給料は、ここ10年ほどは横ばいか微減となっています。

次ページのグラフで確認しておきましょう。

給料が減っている理由はシンプルです。銀行の利益が増えていないからです。2008年秋のリーマン・ショックで落ち込んだ銀行の利益は、ある程度は回復しましたが、全体的な

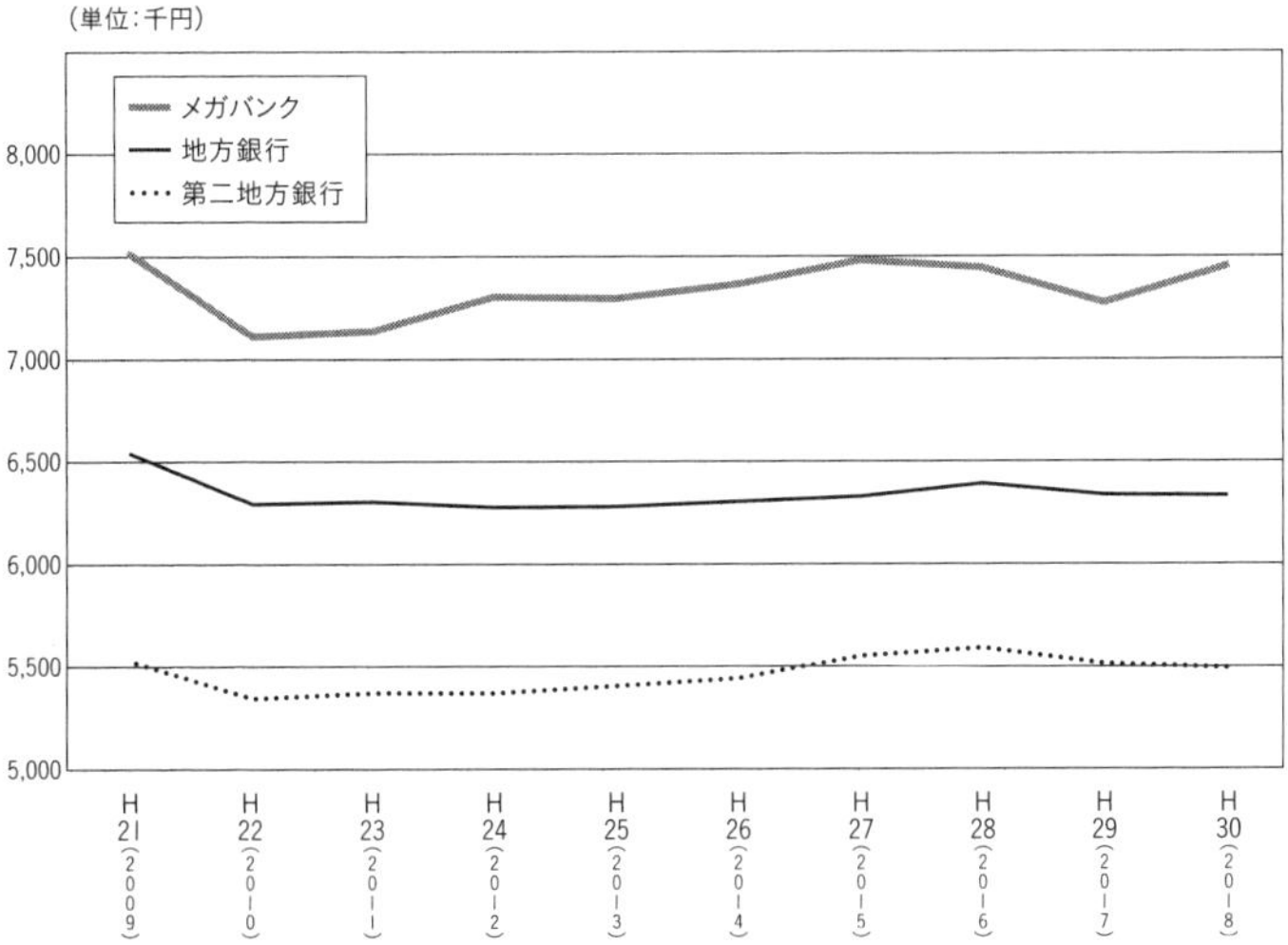

銀行員の平均年収推移
出典:金融労連　http://www.kinyu-roren.jp/data/Average_annual_income_2009_18.pdf

基調は横ばいです。

儲からないのには、理由があります。銀行のビジネスモデルは、もはや古すぎるのです。経済が右肩上がりで、放っておいても預金が集まり、融資先がたくさんある時代はとっくに終わっています。低成長時代に入り、消費者のニーズも多様化し、将来的に何が伸びるビジネスかは誰にもわかりません。

銀行は持ち前の〝ジンサノウリョク〟を活かして、生活を一変するようなイノベーションを起こす企業を発掘するべきなのですが、そんなことは無理です。

だいたい、銀行に就職しようなどという若者は、安定志向でリスク回避的な傾向が強い。かくいう私も大学卒業時、いろいろ

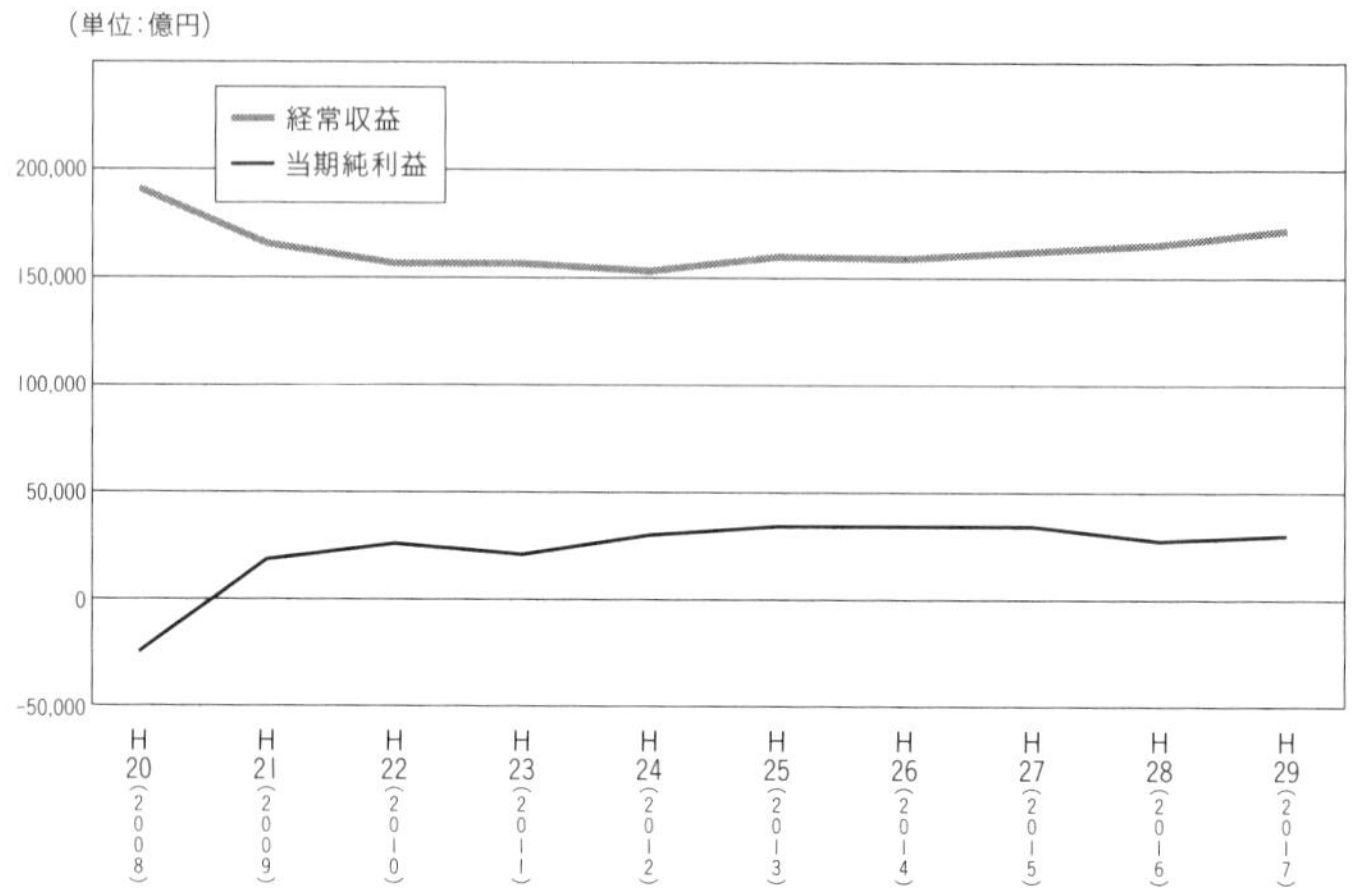

全国銀行の利益推移
データ出所：全国銀行協会　https://www.zenginkyo.or.jp/stats/year2-02/

考えた末に日本長期信用銀行を就職先に選んだ理由はそれでした。自分の人生にリスクを取りたがらない人間が、損失をもたらすリスクの高いベンチャー向け融資などできるはずがありません。

そういうリスク回避傾向の強い人間が集まるからこそ、減点主義の人事評価で、ひたすら現状維持の守りの日々にも耐えられるのでしょう。その象徴ともいえるのが、アナログすぎる仕事のやり方です。

例えば、九州のある地方銀行にはメールアドレスがありません。信じられないかもしれませんが、Eメールが使えないのです。ある物件の建設費用の融資について相談していた業者が、Eメールで図面を送ろうとしたところ、銀行の担当者から断られたそうです。

Eメールは使えないのでファクス送信してほしいと頼まれたそうですが、図面の細かい線が不鮮明になってしまうので支障をきたします。そもそも、業者のほうはIT化が進んでおり、ファクスを廃止していました。結局は郵送で図面をやり取りすることになったそうです。いつの時代の話かと驚きますが、実はこれ、全国の〝地方銀行あるある〟なのだそうです。以前から使っていたという現状維持バイアス以外に、ファクスによる業務を正当化する理由はあるのでしょうか？　無駄な経費を圧縮するなど、本気で利益を出そうとしているのでしょうか？　一晩、問い詰めたいくらいの気分になります。

ついこの間まで24時間対応でなかった「全銀システム」

私が銀行員だった25年以上も前から変わっていないのが、銀行の営業時間です。なぜ銀行の窓口は、午後3時に閉まってしまうのか、不思議に思いませんか？　午後3時をすぎると、振り込みも翌日扱いになってしまいます（他行宛の場合）。

コンビニは24時間営業ですし、インターネットは常時接続の時代です。スーパーマーケットだって、夜遅くまで開いています。なぜ銀行だけが現代とかけ離れたタイムスパンで営業しているのでしょうか？

全国銀行協会（全銀協）の説明は、次の通りです。

◎営業時間は法律で決まっている⁉

銀行の営業時間を定める法律があります。『銀行法施行規則』の第16条がそれに該当します。

具体的には「銀行の営業時間は、午前9時から午後3時までとする」とされています。ただ、法律では「前項の営業時間は都合により延長することができる」と定められていて、実際、午後3時以降も窓口業務を行う銀行（または支店）もあります。

◎窓口が閉まってからの仕事とは？

では、午後3時に窓口を閉める銀行は、3時以降はどのような業務を行うのでしょうか。

まず、お客さまとの窓口での応対でお金の出し入れが発生する場合、必ず行員が伝票を書きます。その内容と現金の金額が合っているかどうか、また実際の処理内容と合致しているか。そういった照合作業は営業時間後に行います。

照合作業以外の仕事としては、現金の輸送準備。翌日必要な額だけを残して、それ以外は本店や現金の少ない支店に送ります。また、銀行の持ち込まれた手形、小切手の処理、預かった税金や公共料金を管轄の官公庁や企業に送金といった仕事も行います。そして、現金や重要書類を金庫室に保管し、銀行員の1日の仕事は終了します。

[出典：銀行員が午後3時以降にしていることは……　全国銀行協会]
https://www.zenginkyo.or.jp/article/tag-h/8282/

諸外国とは違い、日本はいまだに現金決済が主流で、銀行にはたくさんの現金が持ち込まれたり持ち出されたりします。もちろん現金は機械でも数えられますが、窓口のやり取りはアナログで、最終的にすべてを合計して手で数えるしかありません。これも恐ろしく非効率的です。

私が銀行経営者なら現金の取り扱いを減らします。仮に取り扱うにしても、なるべく機械に任せるように改革するでしょう。

一部のネット銀行は窓口をほとんど持たず、すべての取引を画面上でできるようになっています。例えば、りそな銀行は高性能のＡＴＭを窓口に設置して、待ち時間の短縮に成功しています。

こうした効率化をやりまくれば経費は大幅に削減できそうに思えますが、実行している銀行は少数派です。多くの銀行は、いまだに旧態依然とした人力、アナログの窓口業務が主流なのです。

これだけIT化の進んだ現代で、24時間リアルタイムの振り込みができないのは、なぜなのでしょうか？

銀行間の振り込みは全国約1200の金融機関をつなぐ「全国銀行データ通信システム」（全銀システム）を経由しています。私が銀行員だった頃の話ですが、そのときの先輩から聞いたところによると、全銀システムはとても古く、午後3時に窓口を閉めてからデータの締め切りまでに転送しないと、翌日までに計算が間に合わないとのことでした。

本当にそうだったのかどうかは、いまとなってはわかりません。ただ少なくとも営業時間でみたサービスレベルが25年間変化していなかったことは確かです。

これは、私のような中小零細企業経営者の感覚からは考えられないことです。本当に楽な商売です。

とはいえ、気になったので全銀システムの現状についてネットで検索してみました。そうしたら、衝撃の事実が判明したのです！

2018年10月9日、日本経済新聞は次のように報じています。

銀行間の振り込みは全国の金融機関をつなぐ「全銀システム」を経由している。これまでの稼働時間は平日午前8時30分〜午後3時30分までで、「他行への振り込みは午後3時まで」といった制約を生んでいた。

全銀システムを運営する全国銀行協会は9日、午後3時半以降に稼働する「モアタイム」と呼ぶシステムを追加。給与や賞与の振り込みをのぞく1億円未満の送金を、24時間365日できるようにした。全銀協によると、これにともない振込手数料を引き上げた金融機関はないという。大手行の場合、3万円未満の他行への振り込みにかかる手数料は200円程度のままだ。

—[出典：銀行送金、夜・休日もすぐに　システム9日から24時間対応　日本経済新聞（2018年10月9日）]

https://www.nikkei.com/article/DGXMZO36272900Z01C18A0EE9000/

つまり、全銀システムは、ついこの間まで24時間対応できてなかったということです。

私は仕事で主にジャパンネット銀行を利用しています。取引先はベンチャー企業や個人事業主が多く、ジャパンネット銀行同士の入出金がよくあります。その際はほぼリアルタイムで不都合なくやり取り可能でした。

思い返してみると、他行宛への振り込みのときはATMと同じく「翌営業日扱いになります」というアラートが出ていたので、つい最近まで全銀システムが24時間対応していなかったということは何となくわかっていました。ついに24時間365日対応したのか……それにしても遅すぎる！

しかし、このニュースを信じて、取引先への振込日を土日に設定したところ酷い目に遭いました。どうも銀行側のシステムが対応していない場合があるらしく、あるメガバンクについては「取扱日不可」で振り込みが実行されなかったのです。ジャパンネット銀行からのアラートメールが届いたので気がつきましたが、危うく大事故を起こすところでした。

銀行は無駄な人員とファクスを維持する金はあっても、お金を出し合って全銀システムを改修する気は、長年にわたってなかったようです。さらに、全銀システムがやっと改善されたにもかかわらず、自行のシステム改修をサボって預金者に迷惑をかけ続けている銀行があります。

素晴らしいお客様中心主義です。ファクスしか使えない情報弱者にも優しい銀行なんですね、感動しました（棒）。

そして、今日も銀行の経費は燃え続けております。

第2章

銀行の消える日がやってくる

なぜ非効率な銀行がたくさん生き残っているのか？

なぜ銀行はこれほど非効率でも、長いこと生きながらえてきたのでしょうか？

その理由は簡単です。金利が恐ろしく高かったからです。

日本の銀行（貸金業）の歴史は大変古く、1000年以上前から貸しつけと金利という概念が存在しました。例えば、比叡山延暦寺と同じ場所にある日枝神社がやっていた「出挙《すいこ》」という制度があります。これは種籾《もみ》を農民に貸しつけて金利を得るという米を貨幣に見立てた融資制度です。

日枝神社は質のいい種籾を育てており、農民はそれを借りて稲作に励みます。驚くことなかれ、金利は月利8～9％。年利にすると、約100％という超高金利だったのです！

とんでもない超高金利に、さぞかし農民たちが苦しめられたのだろうと思う人がいるかもしれませんが、そうではありません。種籾1粒が育てば200～300倍の米粒が収穫できます。農民からしてみれば、莫大なリターンに比べて、年利100％の金利なんて実質的には超低金利もいいところでした。

名目的には超高金利でも、実質的には超低金利。1粒が200～300倍になる「高度成

「ゼロ金利政策」とは？


日銀が市場で国債を買い入れることで、金利を0％に誘導すること。これによって銀行融資の金利が軽減するため、銀行の金利収入は減少するものの、個人や企業が融資を受けやすくなる。

景気を刺激して、デフレを解消する効果が期待できる。


「量的緩和政策」とは？


日銀は市場金利がゼロになっても、さらに市場からさまざまな資産を買い入れることで、より強力な金融緩和を実施できる。世界中の中央銀行がデフレ脱却のために、この政策を採用している。

具体的にはインフレターゲット（物価目標）を設定し、目標を達成するまで中央銀行はありとあらゆる手段で資産の買い入れを進めることになる。

この金融政策の「レジームチェンジ」（体制転換）が市場や貸し出しなど、さまざまな経路を通じて実体経済に波及し、デフレ脱却の効果を生む。


長」があったからこその（名目）高金利でした。

さて、それから１０００年以上の時を経て、高度経済成長期の日本経済は伸び盛りでした。そのため、銀行など資金の貸し手が、日枝神社とまではいかないまでも、高金利を要求したところで、借り手側の事業がそれ以上に成長したので、あまり問題にならなかったのです。

ところが、政府、日銀の度重なる失策のせいで、１９９８年から日本は物価が継続的に下がるデフレーション（デフレ）に陥りました。デフレ解消と景気底上げのため、日銀の「ゼロ金利」と「量的緩和」による金融緩和政策が幕開けすることになったのです。

本来ならゼロ金利や量的緩和から数年すれば、日本はデフレから完全脱却できるはずでした。しかし、デフレから脱却しそうになると日銀が突然、量的緩和を解除したり政府が増税したりと水を差し、ちぐはぐな対応が続きます。

デフレ脱却は結局、2012年末の政権交代により誕生した第二次安倍政権の経済政策「アベノミクス」までお預けとなりました。

とはいえ、アベノミクスが始まった後も、2014年に消費税が8％に増税されるという逆噴射もあり、物価上昇率は辛うじて0％を上回る水準をうろうろしています。物価が継続的に下がるデフレこそ免《まぬが》れていますが、日本経済はまだ本来の力を取り戻していません。

日銀は2013年4月に「量的・質的金融緩和」（異次元緩和）の導入を決め、年率2％の物価（インフレ）目標を達成するまで量的緩和を継続するとしています。当然、量的緩和は、目標を達成するまで続けなければなりません。

また、日銀は2016年2月、ゼロ金利政策からさらに踏み込んだ「マイナス金利政策」を導入しています。これは民間の銀行が日銀に預けている日銀当座預金の一定額に対して金利をマイナスにすることで、預金している民間銀行が逆に金利を払わなければならない政策です。

これは日銀の当座預金に一定以上のお金を寝かせておく銀行には、ペナルティを課すものです。こうすることで、企業や個人への融資や投資にお金を回すように促して、年率2％の物価上昇を目指すという政策です。

このマイナス金利政策も当面の間、維持されることになっています。

そもそもなぜ年率2％の物価上昇を目指しているのでしょうか？　物価上昇率がゼロに近い水準で低いということは、企業からみれば商品の単価がなかなか上がらないということです。デフレでなければ、少しずつ儲けは増えるとしても、その伸びはゆるやか。そうなると当然、銀行融資に高い金利は払えません。

銀行が金利収入を増やそうにも企業がなかなか借りてくれないので、金利を安くして負担を軽減します。その結果、銀行は全然儲からなくなるという悪循環に陥るわけです。

とはいえ、企業はシビアですから、銀行融資とそれ以外の資金調達手段をいつも天秤にかけています。例えば、社債や増資、利益配当をせず、社内に留保して再投資（内部留保）するなど、その手段は多岐にわたります。製造業向けの融資が伸びていない理由には、こういったことも考えられるのです。

REITの登場による銀行離れ

日銀の資金循環統計によると、2015年頃から民間企業の負債に占める銀行融資の割合

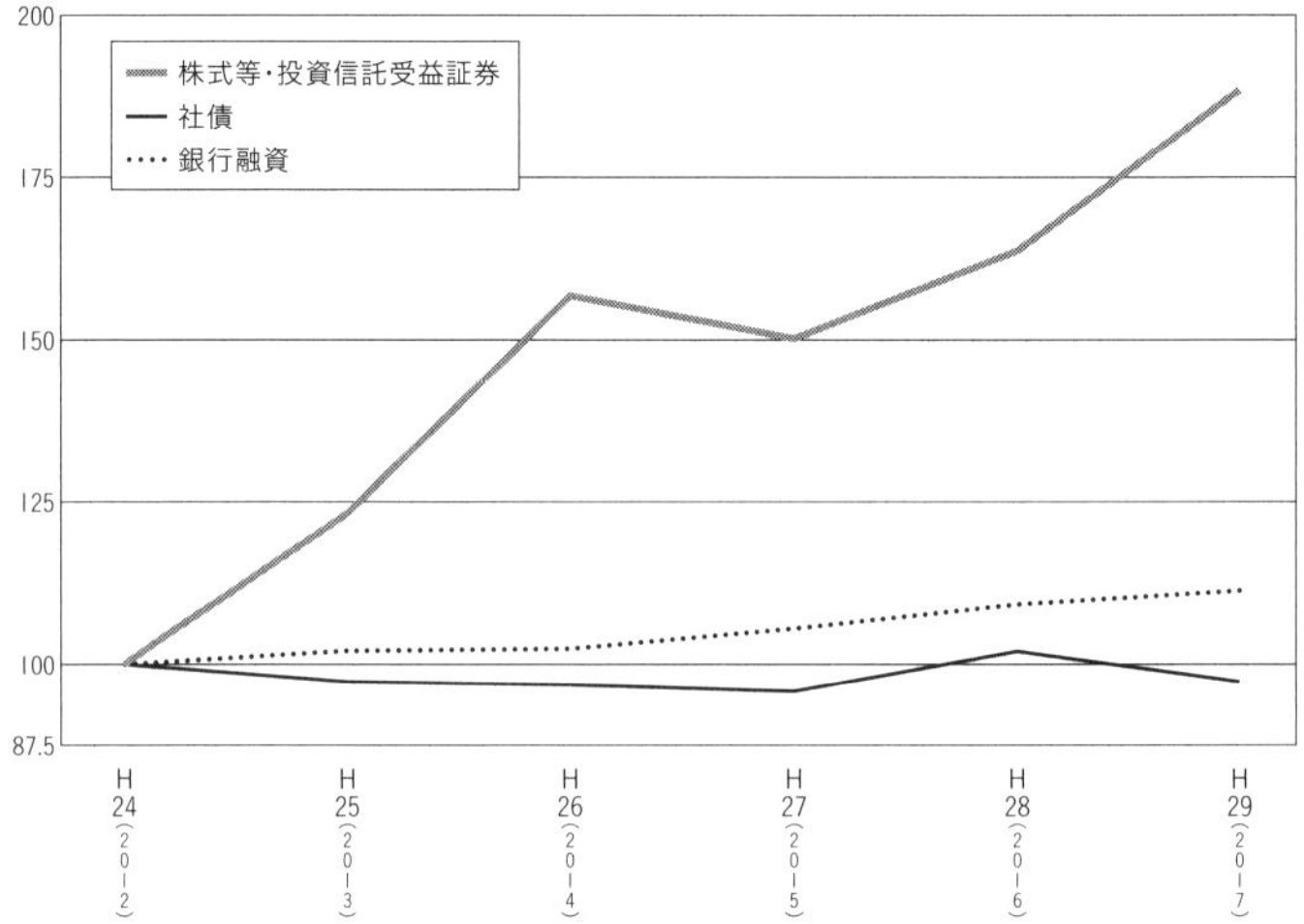

民間企業の資金調達推移（調達手段別）
データ出所：日銀資金循環統計　※民間非金融法人企業／ストックの年平均値

は、市場から直接調達した資金の半分以下になっています。

２０１７年には銀行融資の総額が３１５兆円であるのに対し、社債および株式等・投資信託受益証券合計は９９６兆円となっています。

また、上のグラフにある通り、２０１２年を１００とした場合の指数で、「銀行融資」の伸びは１割程度であるのに対して、「株式等・投資信託受益証券」の伸びは２倍以上となっています。

このような企業の〝銀行離れ〟は、私が銀行員だった１９９０年代初頭から、すでに問題になっていました。

１９７３年までとされる日本の高度経済成長期、企業にはまだ自己資金の余裕がありませんでした。社債や株式などによって資金を市場から直接調達しようにも信用度が低く、巨大な設備を造るための巨額の資金集めには、銀行融資に頼るしかなかったのです。

ところが、高度経済成長を経て企業が信用力をつけてくると、銀行融資だけに頼らなくても、市場から資金を直接調達することもできるようになります。しかも、金融自由化の流れにより、本来は金融機関でしか許されなかった、さまざまなスキームが使えるようになりました。例えば、ＲＥＩＴ（不動産投資信託）が、その典型です。これは巨大な不動産開発プロジェクトを証券化して、市場で小口の売却ができる制度です。

ＲＥＩＴは１９９０年代にアメリカで急速に拡大して、日本では２０００年11月に「投資信託及び投資法人に関する法律」を改正し、２００１年9月に市場が創設されました。

１９９０年前後のバブル景気の頃は、こういった不動産の流動・証券化は認められておらず、開発元がすべての資金リスクを負っていました。しかし、ＲＥＩＴを活用した不動産投資法人なら、市場で広く資金を集めることでリスクを分散することができます。

例えば、かつては個人が六本木ヒルズや大手町ファーストスクエアといった超一等地の巨大な開発物件を所有することは不可能でした。しかし、ＲＥＩＴによって小口化・証券化されたおかげで、これらの物件の持ち分を個人でも購入できるようになったのです。

しかも、ＲＥＩＴは複数の物件が束ねられているので、１つの物件に集中投資するよりもリスク分散できます。配当の利回りも、銀行預金などに比べれば桁違いに高いため、多くの資金が集まっています。

かつては銀行から足の長い資金を調達しないと大規模開発はできませんでしたが、開発元はREITに売却するまでのごく短期の資金さえ手当てすれば済むようになっています。それは取りも直さず、「銀行の出番が減る」「銀行離れが進む」ということです。

住宅ローンという地獄のような制度

そんな状況であっても、銀行から比較的高い金利で借りてくれるカモはいます。それは個人、いや庶民と言ったほうがいいかもしれません。

「住宅ローン」と「消費者ローン」を借りてくれるカモたちです。

住宅ローンの金利は低いと言われますが、市場金利と比べればかなり割高です。

2019年6月4日時点における、主要銀行の住宅ローン金利（新規借り入れ）は10年固定で0・590～1・540％ですが、同時期の10年物国債の利回りはマイナス0・094％と、買う側が金利を払うマイナス金利です。この差分が丸々銀行の利益だと考えれば、これはオイシイ商売です。

しかも、住宅ローンの場合、借り手が購入する物件に「抵当権」を設定したうえ、「団体信用生命保険」にも加入させます。登記費用も保険料も、借り手が負担しますから、銀行はほぼノーリスクなのです。

抵当権とは、銀行が不動産を担保に融資する際、債権者（銀行）が債務者（借り手）に不動産を使用させながらも、その不動産の価値を支配できる権利です。つまり、借り手が住宅ローンを返済できなくなれば、銀行は不動産担保を処分できるのです。

団体信用生命保険は、住宅ローン契約時に加入するもので、契約者（借り手）が死亡したら銀行に残債が支払われるというものです。

つまり、借り手がローンを払えなくなっても銀行は住宅を売り払って補てんできますし、借り手が死んでしまっても団体信用生命保険でとりっぱぐれがありません。

しかも、住宅の売却額が返済額に満たない場合、ローンは消えません。家を失っても借金が残るのです。これは「住宅ローンの残債問題」として注目されました。一方的に銀行に有利で、個人に不利な〝地獄のような仕組み〟と言っていいでしょう。

ちなみにアメリカの住宅ローンは、返済が担保の範囲内に限定される「ノンリコースローン」（非《ひ》遡《そ》及《きゅう》型融資）で、借り手が返済できなくなった場合、住宅を手放せば残債がゼロになり

ます。家を失っても借金が残ることはないので、ホームレスになったとしても、少な
住宅ローンで多重債務者になることだけは避けられます。このほうが、よほどフェアだと思
いませんか?

マイホームを欲しがって住宅ローンを組む庶民は、銀行にとっていいカモです。テレビCMなどで「理想の家」を欲しがる人を煽《あお》るのは、このためとも言えます。

こんなことを言っている私ですが、かつて住宅ローンを組んでマイホームを買った〝黒歴史〟があります。

マイホームを買うことの最大の弊害は、引っ越しが事実上できないことです。かつてのように終身雇用で同じ会社にずっと勤められるならいいのですが、それでも転勤はありますし、平成に入ってからは転職が当たり前になっています。

私も何度か転職していますし、独立してからも何度か商売替えをしています。そんなときに、マイホームを所有し続けていたらとても大きな制約になってしまうことは、サラリーマンを辞めた時点で十分予想されました。

そこで1998年に購入したマイホームを2002年に売却したのですが、総額で1000万円以上の損失を出しました。当時の私にとっては、本当に人生が終わったかと思うくらいの痛手でした。

年数にして3年半ぐらいしか住んでいなかったマイホームです。住宅ローンの返済や手数料など、消えたお金を家賃に見立てて月割りにしてみたところ、毎月30万円以上払っていたのと同じ計算でした。これなら都心の賃貸マンションに、余裕で住めていたことになります。繰り上げ返済を何度かしていたこともあり、売却後の残債はなかったことが、せめてもの救いでした。とはいえ、マイホームを買うときにあれほど盛り上がったのに、売るときは本当にみじめなものでした。

もう二度と家は買わない、銀行のカモにはならない。そう誓ったのは言うまでもありません（このときの顛末については拙書『家なんて200%買ってはいけない！』〈きこ書房〉をお読みください）。

貸した後でお金をむしり取るアパマンローン

家を買うという点においては、賃貸アパート経営や投資用マンションなどの収益物件を買ったり建てたりすることも同じです。

前述の通り、銀行は事業の将来性より、担保の有無を基準にしてお金を貸します。土地持ちの資産家は、相続税の節税対策に賃貸アパートを建てたり、タワーマンションを買ったりすることが流行りましたが、これがまた銀行にとっていいカモになりました。

特に賃貸アパート経営には、大きな落とし穴があります。広告などで30年とか35年の「一括借り上げ」を謳《うた》っているケースです。これは「サブリース」とも呼ばれる仕組みです。業者が一括で全室を借り上げ、さらに空室があっても家賃保証をする。入居者の募集・管理・退去手続き、建物の維持・管理もすべてやる。家主は何もしなくていいし、相続税対策にもなると、いいこと尽くしだと言ってきます。

しかし、これにはカラクリがあるのです。事実上、家主に家賃の決定権がありません。そのことは契約書に書いてあるのですが、家主は素人だけに見落とします。

例えば、業者が想定家賃や入居率を高めに設定するなど、見通しの甘い収益シミュレーションを持ち込んできたとしましょう。家主がそれを信じて銀行でローンを組み、賃貸アパートを建てます。最初から机上の空論ですから、計算通りにいかないことが多いのですが、空室があっても家賃保証があるので、家主は大丈夫だと思ってしまいます。

ところが業者は、契約書の条項や近隣相場との比較など、いろんな理由をつけて家賃を値下げすべきだと提案してきます。もし、この提案を無視した場合、実は30年とか35年の一括借り上げが打ち切られることが契約書に書いてあるのですが、たいていの家主はそれに気づかずにハンコを押してしまいます。結果として、家主は家賃の値下げを泣く泣く受け入れるしかありません。

こうなると家賃収入が減ってしまいますから、ローンの返済計画はとん挫してしまいます。話が違うと怒って、この業者との契約を打ち切れば、業者は入居者を連れてくる「客付け」をやめてしまうので、さらにピンチに陥ります。

悪質な場合は、このサブリース業者が既存の入居者に電話して「近隣にもっと安い物件がありますよ」などと悪魔のささやきをするそうです。実は近隣にも同じ業者が造らせた賃貸アパートがあることが多く、これは頻繁に行われていることなのだそうです。

別の大家にいい顔をするため、客を引きはがして転居させる。いわば〝入居者泥棒〟であり、まさに悪魔の所業です。

銀行はそんな細かい事情など知らん顔で、家主に契約書にある通りの返済を求めます。というか、そういう結果を予想しつつも、借り手には何も説明しません。銀行は担保のある人にお金を貸すと何度も指摘していますが、こうなると貸した後でお金をむしり取るのがお仕事とも言えます。

しかも本来こうした悪質業者を監督すべき金融庁が、むしろこのビジネスを後押ししていたのですから驚きです。それこそが、かの有名な女性専用シェアハウス「かぼちゃの馬車」をめぐる事件が起こった原因なのです（この件については章を改めて解説します）。

担保があれば貸し、担保価値がなくなれば貸しはがす

問題の多いアパマンローンと並んで、銀行の収益の柱になっているのが消費者ローンです。かつては武富士やアコムなどの消費者金融は、銀行とは関係のない会社でしたが、いまはほぼすべてが銀行傘下に入っています。

2006年1月に最高裁がグレーゾーン金利を助長していた「みなし弁済」を否定する判決を下しました。それがきっかけとなり、いわゆる「貸金返還訴訟」が大量発生しました。この訴訟により消費者金融業者は、賠償金の支払いで経営が悪化したため、ほとんどが銀行傘下に入ったのです。

この判決が出る前までは、利息制限法の上限金利を超えて貸し出しをしても罰則がありませんでした。そのため消費者金融だけでなく、中小企業向けに貸し出しを行い法人版の消費者金融商品と言われた「商工ローン」のほとんどの業者が、利息制限法の上限金利を超えて貸し出していました。

2010年に出資法が改正されるまでは、利息制限法と出資法の上限金利の差は10万円未満の場合では9・2%（これがグレーゾーン金利）もあり、彼らの飯のタネとなっていたのです。

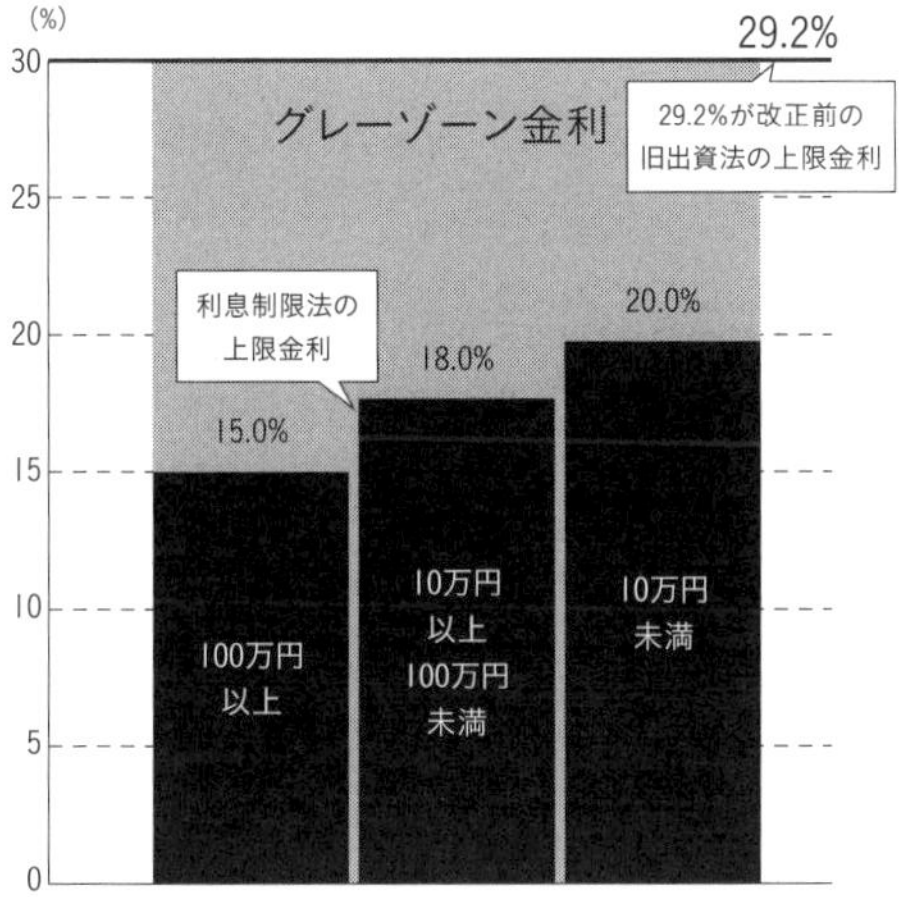

出典：日経ビジネスオンライン

商工ローンがここまで流行った根本原因は、バブル崩壊にあります。バブル経済のピークは１９８９年でした。この年の春から日銀が民間銀行への貸出金利にあたる公定歩合（政策金利）を引き上げました。これは史上空前の低金利（金融緩和）の終焉を意味していました。

株価は１９８９年末の史上最高値３万８９５７円をピークとして下落を開始し、１年後の１９９０年末の終値は２万３８４９円と４割近くも下がりました。

ところが、土地価格の上昇は続きました。なぜなら、銀行が担保に取っている土地価格が下落することを恐れ、不動産向け融資で下支えしたからです。

そんな悪あがきも、間もなく終焉を迎えます。１９９０年３月から導入された大蔵省の

「総量規制」により、不動産向け融資が制限されることになりました。総量規制とは、不動産向け融資の伸び率を金融機関の貸出総量の伸び率以下に抑える指導です。この総量規制で資金供給が止まった日本の不動産市場は、翌年から大暴落しました。

もとはと言えば日銀の金融引き締めという失策と、それを横目で見ながら総量規制で追い討ちをかけた大蔵省の失策による悪影響です。

銀行は監督官庁が右を向けと言えば右を向きます。日銀や現在の財務省が「カラスの頭は白い」と言えば、「はい、白いです」と答えるのが銀行というものです。

そうやって言いなりになることで、絶対に潰れないように保護してもらう。これがいわゆる「護送船団方式」でした。

日銀の金融引き締めと大蔵省の総量規制という悪のコラボレーションで土地価格の暴落が始まると、銀行は担保割れ（担保価値の減少）を理由に、借り手に対して追加担保の提供を要請しました。

もちろん株価と地価の下落で苦しんでいる借り手に、そんな余裕はありません。すると、今度は「貸しはがし」が始まりました。銀行が借りてくれと言うから無理やり借りてやったのに、突然返せと言うのです。なんと理不尽な！

すべては「銀行検査」とも呼ばれる大蔵省の金融検査を無難にやりすごすため。ヒラメのように目が上にしか向いていない銀行は、容赦ありませんでした。

担保があれば貸し、担保割れすると貸しはがす。銀行は本当に単純な商売です。一方、貸しはがされるほうは、たまったものではありません。資金繰りが悪化して、最悪の場合、企業は倒産、個人は自己破産してしまいます。

日々の運転資金に困った経営者は他の銀行に当たりますが、担保割れして貸しはがしにあっている状況で、融資してくれるはずもありません。そんな中、相当なリスクを負ってお金を貸してくれる救世主が現れました。

それが法人版の消費者金融商品とも言われた「商工ローン」です。彼等は救世主ではなく〝エセ救世主〟だったのですが、最初の頃は誰もそのことに気づいていませんでした。

第3章

消費者金融も焼け石に水

「カードローン」という名の消費者金融

企業の経営が傾けば、そこで働く人の給料は不安定になります。最悪の場合、給料が減らされたり、支払われなかったり、さらには失業することもあり得ます。

企業と同じく、個人も日々のキャッシュフローがないと生きていけません。お金に困った企業や個人は、足らなくなった収入を補うため、商工ローンや消費者ローンに走りました。

銀行は貸し倒れを恐れて、こうしたハイリスクな借り手にはお金を貸しません。銀行が触りたくないハイリスクな借り手にお金を貸すのが、商工ローンや消費者ローンというわけです。だから、彼らがリスクに見合った金利を要求するのは当然です。これら高利貸にとって、強い味方となったのがグレーゾーン金利でした。

バブル崩壊後の経済失速から1997年に橋本龍太郎内閣で消費税が3％から5％へ増税され、翌1998年から日本が完全にデフレに陥るまで、何度か日本経済復活のチャンスはありました。

ところが、そのたびに日銀の血迷った対応などによって、チャンスの芽は摘まれてしまいました。そんな中、実質年利約30％で、なおかつ借金の利子にまた利子がついて雪だるま式に「複利」で増えていく商工ローンの借金を返せるはずがありません。

２０００年前後には、中小企業の経営破たんや個人破産が相次ぎました。商工ローンの日栄が「家売れ、腎臓売れ、目ん玉１個売れ」と返済を迫る暴力的な取り立てで、社会問題化したのは１９９９年でした。

その後の２００６年１月、バブル崩壊から16年も経って、最高裁はやっとグレーゾーン金利を否定する判決を下しました。判決の要旨は次の通りです。

１　貸金業の規制等に関する法律施行規則15条２項の規定のうち，貸金業者が弁済を受けた債権に係る貸付けの契約を契約番号その他により明示することをもって，貸金業の規制等に関する法律18条１項１号から３号までに掲げる事項の記載に代えることができる旨定めた部分は，同法の委任の範囲を逸脱した違法な規定として無効である。
２　利息制限法所定の制限を超える約定利息と共に元本を分割返済する約定の金銭消費貸借に，債務者が元本又は約定利息の支払を遅滞したときには当然に期限の利益を喪失する旨の特約が付されている場合，同特約中，債務者が約定利息のうち制限超過部分の支払を怠った場合に期限の利益を喪失するとする部分は，同法１条１項の趣旨に反して無効であり，債務者は，約定の元本および同項所定の利息の制限額を支払いさえすれば，期限の利益を喪失することはない。
3　利息制限法所定の制限を超える約定利息と共に元本を分割返済する約定の金銭消費貸借において，債務者が，元本又は約定利息の支払を遅滞したときには当然に期限の利益を喪失する旨の特約の下で，利息として上記制限を超える額の金銭を支払った場合には，債務者において約定の元本と共に上記制限を超える約定利息を支払わない限り期限の利益を喪失するとの誤解が生じなかったといえるような特段の事情のない限り，制限超過部分の支払は，貸金業の規制等に関する法律43条1項にいう「債務者が利息として任意に支払った」ものということはできない。

［出典：裁判所判例検索］
http://www.courts.go.jp/app/hanrei_jp/detail2?id=52404

簡単に言うと、利息制限法の上限を超える金利でお金を借りるのは、よほど本人が強く望まない限り無効ということです。

消費者金融からお金を借りた人は、高金利を強く望んだはずがありません。だから、たいていの債務者が金利を払いすぎていたことになり、利息制限法を超えて支払った利息は法的に無効となりました。

過去に払いすぎた利息（過払い金）は、本来なら元本に充当されて、債務はずっと少なかったはずです。その分をさかのぼって計算すると、逆にお金を返してもらわなければならない人がたくさん出ました。そういう人たちを弁護する弁護士業界が、〝貸金訴訟特需〟に沸いたのは言うまでもありません。

テレビやラジオのＣＭまで使って、「過払い金を取り戻しましょう！」と煽りまくったので、多くの人が消費者金融業者を訴えました。その結果、消費者金融業者は多額の賠償金支払いで経営難に陥り、銀行の傘下に入ったのです。

主なものは、次の通りです。

プロミス　　三井住友銀行グループ
アコム　　三菱ＵＦＪフィナンシャルグループ
ＳＭＢＣモビット　　三井住友銀行グループ
ダイレクトワン　　スルガ銀行グループ
ノーローン　　新生銀行グループ

他にもたくさんありますが、顧客が過去に払いすぎた利息（過払い金）の返還負担に耐えられず、２０１０年秋に経営破綻して会社更生法の適用を申請した消費者金融大手の武富士の例もあります。

出典：【SMBCモビット】公式サイト（http://pc.mobit.ne.jp/web/pc/AP300S0000.do）

出典：バンクイック／公式ホームページ｜三菱ＵＦＪ銀行カードローン（https://www.bk.mufg.jp/banquic/）

２０１９年６月時点で、銀行系ではない大手消費者金融はアイフルぐらいです。

問題はここからです。このように訴訟を抱えて経営難に陥って経営が傾いていた消費者金融を、なぜわざわざ銀行は傘下に収めたのでしょうか？　儲からないから経営が悪化したのに、銀行が買収したからといって経営がよくなるわけでもないはずです。

ともあれ、銀行は買収した消費者金融のイメージを変えようと、必死でキャンペーンを打ちました。かつて「サラ金」といえば、何かうしろめたくて暗いイメージがありましたが、いまはそうでもありません。

例えば、三井住友銀行グループのモビットの公式サイトは、右ページのようなイメージです（画像上）。その下の三菱ＵＦＪ銀行はこんな感じ（画像下）ですが、消費者ローンという言い方もしません。「カードローン」なのだそうです。

でも、金利をよく見ると、利息制限法の上限に近くなっています。限度額も５００万円とか８００万円とか、消費者金融と何が違うのでしょうか？　正真正銘の消費者金融業者、アイフルのキャッシングローンは金利３・０％～18・０％（実質年率）、限度額は８００万円です。三井住友銀行のモビットとまったく変わらないではありませんか！

有名タレントを使って、全体のイメージを柔らかくして、「銀行がやっているから大丈夫そう」という妙な安心感を演出していますが、要するにこれは消費者金融なのです。

苦しい地銀も軒並みカードローンを手がける

かつての消費者金融は30％近い実質年利を前提としたビジネスモデルでした。だから、金利上限を10％以上切り下げられ、しかも過去に払いすぎた利息（過払い金）の返還を要求され、

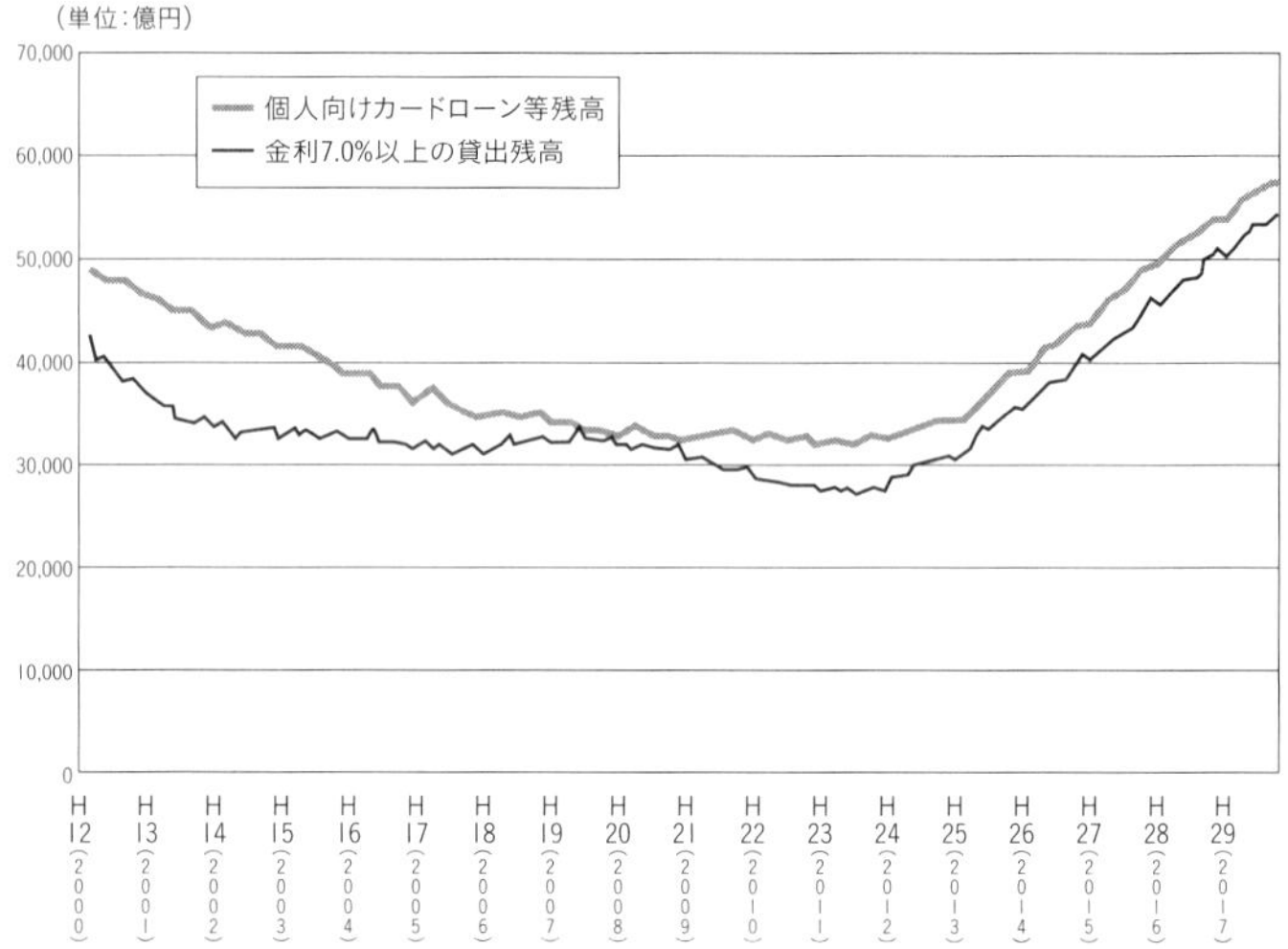

カードローン等の残高と貸出金利が7.0%以上の貸出金残高
出典：日本銀行より大和総研作成

その返還負担が重荷となって経営が悪化しました。

これに対して、銀行はバブル崩壊以降、住宅ローンですらせいぜい３％ぐらいの金利しか取れていませんでした。それに比べれば、かつてより下がったとはいえ、消費者金融の３・０〜18・０％という実質年利は魅力的だったのです。

住宅ローンは１％前後ですから、その10倍を超える高い金利を得られる消費者金融は、確かにオイシイ商売なのでしょう。実際、個人向けカードローンの残高は、２０１３年以降右肩上がりです。

大和総研のレポートには、次のようにあります。

利率別貸出残高のうち、7・0%以上の高利の貸出は、2013年頃から前年比10%超の二桁の伸びが続いてきた。その残高の推移は、個人向けカードローン等の残高に近く（図表3）、高利の貸出の相当部分をカードローン等が占めていると考えられる。市中金利が低下して銀行の預貸収益の低下が指摘される下で、収益確保を目指す動きとみられる。

――［出典：銀行の貸出種類別貸出の構造変化　大和総研レポート］

https://www.dir.co.jp/report/research/capital-mkt/securities/20180221_012759.html

しかし大変残念なことに、消費者金融は銀行の収益改善の切り札とはなっていないようです。同レポートによれば、銀行の貸出残高全体に占める金利1・0%未満の貸し出しは6割、金利1・0～2・0%未満の貸し出しは3割。こうした低金利の融資が、なんと9割を占めます。2016年には0・5%未満の貸出残高も急増し、国内銀行の貸出金利は、より低い水準へシフトしています。

そんな中、消費者金融のような7・0%以上の高金利の貸し出しは増えたといっても、貸出残高全体のたった1%程度にすぎません。仮に金利が10倍だとしても、利益への貢献度は1割程度ということですから、焼け石に水です。

やはり消費者金融は、銀行復活の切り札にはなりませんでした。結果として、銀行の業績

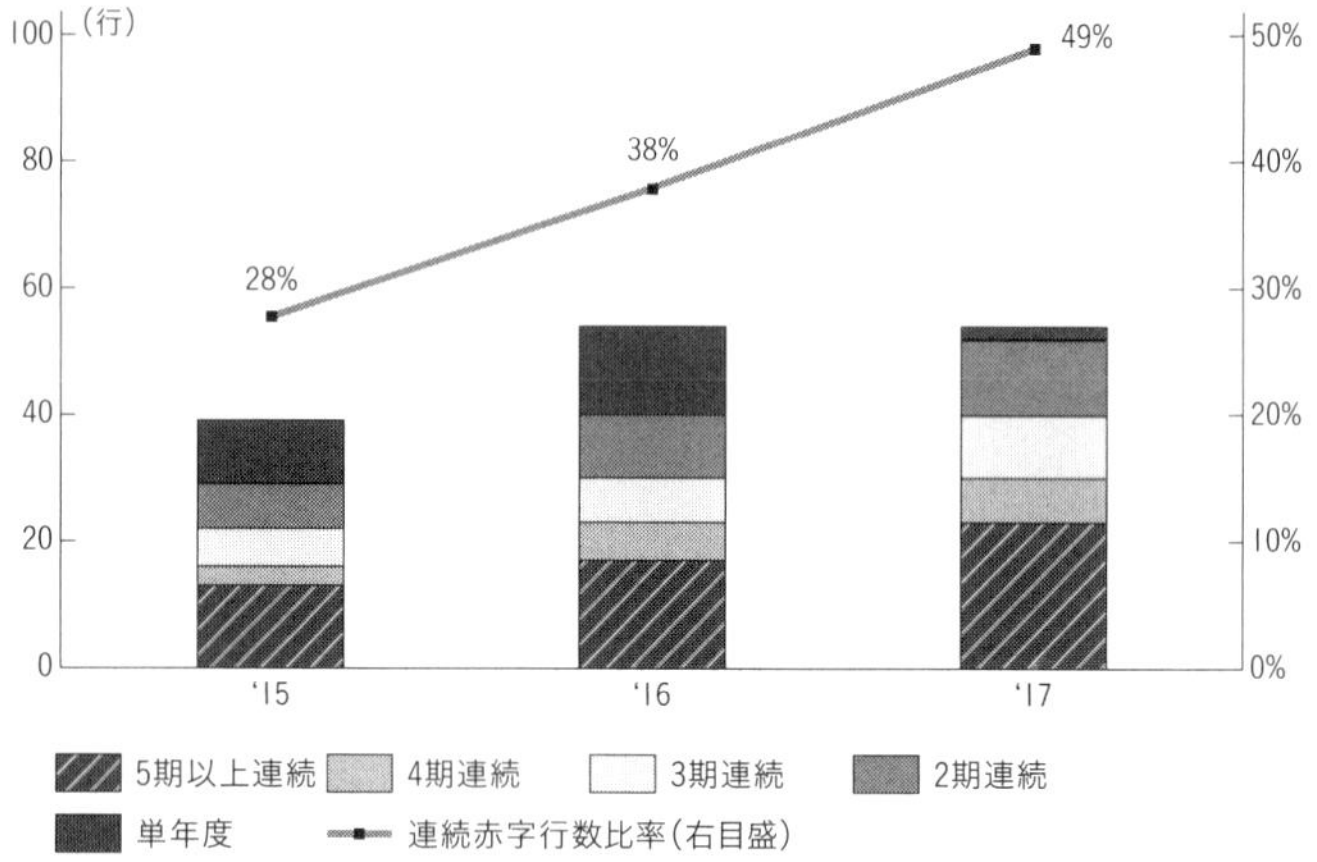

地域銀行の本業赤字の状況
出典:みずほ総合研究所　https://www.mizuho-ri.co.jp/publication/research/pdf/urgency/report181203.pdf

不振は止まりません。特に地銀の業績は悪化しています。なんと、２０１７年時点で全国１０５の地銀のうち約半数が本業で赤字、しかも２期連続以上の赤字に陥っているのです。

上の衝撃のデータをご覧ください。

どの地銀も消費者ローン（カードローン）のサービスを提供しています。その理由は、まさにこの台所事情にあります。前述の通り、消費者金融など収益全体からみれば焼け石に水なのですが、少しでも利益を上げなければ潰れてしまうという危機感から、もしくは横並びの意識からやらざるを得ないのでしょう。

次ページに全国の地銀がやっている消費者金融サービスをリストアップしてみました。これを見るだけで地銀の必死さが伝わってきます。

北洋銀行カードローンスーパーアルカ	スルガ銀行カードローンリザーブドプラン
北海道銀行カードローン「ラピッド」	しずぎんカードローン
秋田銀行カードローン	大正銀行カードローン
大東銀行カードローンスマイルポケット	三重銀行カードローン
荘内銀行カードローン	みなと銀行カードローン
いわぎんカードローン　エルパス	南都銀行カードローン
みちのく銀行カードローン「トモカ」	近畿大阪銀行クイックカードローン
福島銀行カードローン	紀陽銀行カードローン
北日本銀行カードローンASUMO	たんぎんカードローン
東邦銀行カードローン	関西アーバン銀行アーバンカードローン
あおぎんカードローン	京銀カードローンW(ワイド)
山形銀行カードローン	池田泉州銀行カードローン
七十七銀行カードローン	島根銀行カードローン
ちばぎんカードローン	山口銀行カードローン
栃木銀行カードローン「とちぎんスマートネクスト」	もみじ銀行カードローン
武蔵野銀行カードローン	西京銀行カードローン
東和銀行カードローン「とんとん」	ちゅうぎんカードローン　コ・レ・カ
ちば興銀カードローン「リリーフ」	ごうぎんDuoカードローン
八千代銀行カードローン	鳥取銀行カードローン　ラクダスーパーカードローン
東京都民銀行パーソナルカードローン	トマト銀行カードローン キューリ
筑波銀行カードローン	阿波銀行カードローン
常陽銀行カードローン　キャッシュピット	高知銀行カードローン
山梨中央銀行カードローン「waku waku エブリ」	香川銀行カードローン　パパッとカード
京葉銀行カードローン	百十四銀行カードローン
横浜銀行カードローン	徳島銀行カードローン
群馬銀行ぐんぎんカードローン	四国銀行カードローン　フリーカードローン
あしぎんカードローン「Mo・Shi・Ca」	ひめぎんクイックカードローン
静岡中央銀行カードローンしずちゅうプレオ	いよぎん新スピードカードローン
十六銀行カードローン　Q-LOAN	宮崎太陽銀行カードローン
富山銀行カードローン	熊本銀行カードローン ナイスカバー
愛知銀行カードローン	西日本シティ銀行カードローン
名古屋銀行カードローン	佐賀共栄銀行カードローン
北國カードローンデイスマート	長崎銀行カードローン
北陸銀行カードローン	南日本銀行カードローン ワッゼカ
福井銀行カードローン	沖縄銀行カードローン
百五銀行カードローン百五マイカード	琉球銀行カードローン しあわせのカードローン
八十二銀行カードローン	福岡銀行カードローン ナイスカバー
中京銀行カードローン	大分銀行カードローン
第四銀行カードローン	親和銀行カードローン　ナイスカバー
第三銀行カードローン	宮崎銀行カードローン
大垣共立銀行カードローンザ・マキシマム	肥後銀行カードローン
清水銀行カードローン	十八銀行カードローン
長野銀行カードローン　リベロ	鹿児島銀行カードローン かぎんカードローン
ホクギンカードローン	佐賀銀行カードローン スマートSabio

出典:消費者金融一覧ガイド　https://sierragrandeadventures.com/page-56

投資信託の手数料はぼったくり？

消費者ローン（カードローン）の他に、銀行の収益改善の柱として期待されたのが投資信託の窓口販売（窓販）です。読者の中にも、銀行から「お得な情報」として電話やダイレクトメールを受けた人もいるのではないでしょうか？

ＮＩＳＡ（少額投資非課税制度）やｉＤｅＣＯ（個人型確定拠出年金）といった、掛け金が所得税控除の対象になったり利益が非課税になったりと、節税効果のある金融商品の勧誘が多いです。いずれにせよ、銀行は投資信託を売ることで「手数料」を稼ごうとしているのです。

私の知人に、某大手証券会社から銀行に出向して、投資信託の窓販を担当した人がいましたが、その知人はあまりのストレスに出向先の銀行を去ってしまいました。「詐欺の片棒を担いでいるような罪悪感に心を痛めていた」と私に打ち明けています。

その知人曰く、「銀行が販売する投資信託は、売買手数料、信託報酬、信託財産留保額などが割高で、とても初心者にお勧めできるものではない」とのことです。

例えば、三井住友銀行の公式サイトで２０１９年４月の販売額ナンバー1だったのは「ダブル・ブレイン」という投資信託です。この商品の手数料は次のようになります。

購入時手数料	1億円未満　3.24% 1億円以上5億円未満　1.62% 5億円以上10億円未満　0.81% 10億円以上　0.54%
信託報酬等	組入投資信託証券を含めた実質的な運用管理費用は純資産総額に対し年率1.9964%（税込）程度
その他の費用	その他の費用・手数料として、以下の費用等がファンドから支払われます。これらの費用等は、運用状況等により変動するものであり、事前に料率、上限額等を表示することができません。 ・組入有価証券等の売買の際に発生する売買委託手数料 ・監査法人等に支払うファンドの監査に係る費用 ・ファンドに関する租税　等
信託財産留保額	ありません

「ダブル・ブレイン」お申込情報
出典：三井住友銀行　https://www.smbc.co.jp/fd/servlet/jp.co.smbc.kojin.toushin.shosai.FundDataServlet?fundid=324

1億円未満の場合、購入時に3・24％、それに加えて毎年約2％の手数料が抜かれることが明記されています。もちろん、投資のリターンが、この手数料を大きく上回るのなら問題は生じません。しかし、毎年そんなにうまくいくでしょうか？

また、このファンドには、次のような特徴があることも明記されています。

・外国投資証券等への投資を通じて、世界各国（新興国含みます。）の株式、債券等を実質的な主要投資対象とし、株式、債券、商品等に関連するデリバティブ取引、為替予約取引等を実質的な主要取引対象とします。

・実質的な通貨配分にかかわらず、

原則として対ドルで円ヘッジを行います。

これはいわゆる「ファンド・オブ・ファンズ」というもので、海外の投資信託をまとめて1つの商品とし、その持ち分を小口で販売する商品です。海外の投資信託の主要投資先が「株式、債券、商品等に関連するデリバティブ取引、為替予約取引等」となっていますから、かなり値動きの激しい運用をするようです。

要するにハイリスク・ハイリターンの金融商品ということです。当たったときは手数料のことなど忘れられるぐらい儲かるでしょうが、ハズレたときも逆の意味で手数料のことを忘れるぐらい大損するかもしれません。

デリバティブ（金融派生商品）などの複雑な金融商品の最大の問題点は、損失が発生したときに、それが無限に拡大する恐れがあるということです。

とても初心者にはお勧めできない代物だと思いますが、名の知れた金融機関が販売する投資信託ということで、マジメなお父さん方や投資に詳しくない高齢者の警戒レベルは一気に下がります。そこには、かなり高い手数料が待ちかまえているのです。

ちなみに、先ほど紹介した三井住友銀行の「ダブル・ブレイン」という投資信託は、野村アセットマネジメントが運用しています。三井、住友、野村といったブランド力のある金融機関名だからというだけで安全だと思ってはいけません。結局は自己責任で、自らリスクを負って投資しなければならないことに変わりないのです。

私の知り合いは、高い手数料収入を得て営業成績をあげるがために、こうしたリスキーな商品を勧めることに疲れ切ってしまい、銀行を去りました。運よく転職先が見つかったからということも、大きかったのかもしれません。

転職先も見つからず、住宅ローンを抱えた銀行員であれば、後ろめたさを感じつつも、こうした金融商品を売り続けるしかないのです。

銀行の投資信託は半分近くが損している

銀行が販売する投資信託について、客観的なデータを確認してみましょう。

2018年6月29日に金融庁は衝撃のレポートを発表しました。銀行が販売した投資信託を購入した人のうち、なんと46％の人はリターンがマイナスになっているというのです。

以下、該当部分を引用します。

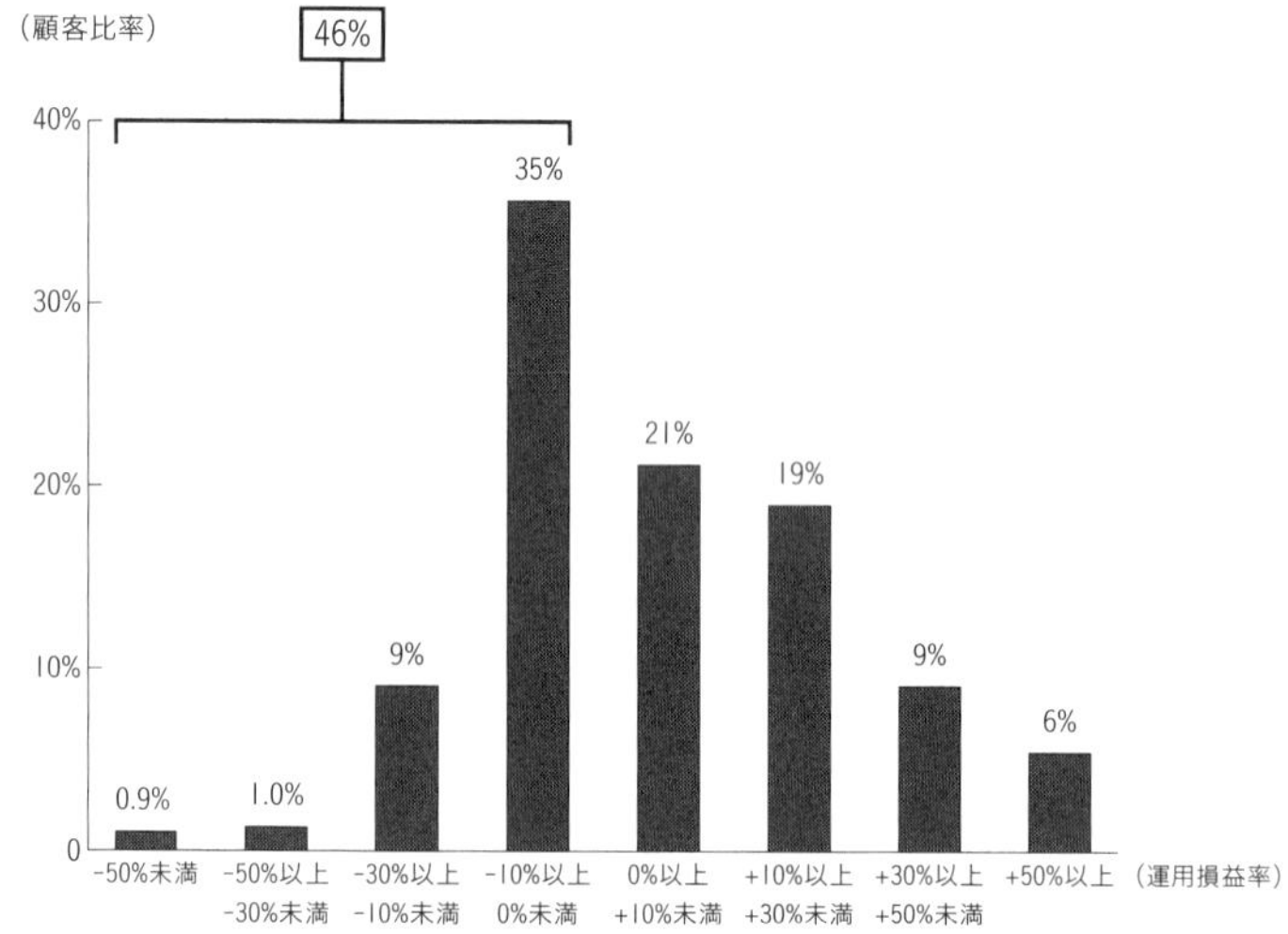

運用損益別顧客比率（主要行等・地域銀行合算ベース）
出典：金融庁　https://www.fsa.go.jp/news/30/sonota/20180629-3/03.pdf

販売会社がどれくらいのリターンを個々の顧客に提供しているかについて、投資信託を保有している顧客の基準日時点の運用損益（手数料控除後）を算出した運用損益別顧客比率を見ると、主要行等9行・地域銀行20行合算ベースで、半数強の顧客の運用損益率がプラスである一方、35%の顧客が−10%以上0%未満であるなど、半数弱の顧客の運用損益率がマイナス。

一応補足しておくと、傾向としては短期保有で損をした人が多く、長期保有はリターンがプラスになっている人が多いとのこと。ただし、長期保有したからといって必ずプラスになるというものではないそうで、同レポートにも次のようにコメントされています。

各販売会社の投資信託預り残高上位20銘柄のうち設定後5年以上の投資信託について、コスト・リターンを検証したところ、両者に明瞭な関係が認められず、コストに見合ったリターンは必ずしも実現していない。

それでも勧められた投資信託のリスク、コストを十分に理解し、納得して買ったのならまだいいでしょう。しかし、実際に現場で起こっていることは、必ずしもそういうことではないようです。

国民生活センターに寄せられた投資信託に関する苦情は以下の通りです。

・銀行の担当者が来訪し、「預金が満期になった。今は利息が付かないから投資信託を購入したほうがいい。配当金が口座に入るから安心だ」と言われた。銀行を信用していたので契約したが、高額な手数料がかかることがわかったので、クーリング・オフしたい。

・証券会社に勧誘され、老後資金を増やすつもりで海外の不動産投資信託等に投資していたが損失が出た。老後資金を減らされ心配だ。
・十数年前に父が退職金で投資信託を買ったが、大きく損失が出て解約した。勧誘した銀行に責任を取ってほしい。
・金融機関が一人暮らしの母宅に来訪し、母が理解できないような投資信託を契約させた。何もわからない高齢者を長時間拘束し、元本割れしないなどと嘘の説明で契約させるのは問題だ。
・父が銀行で、高額な投資信託を契約した。父は値下がりのリスクや手数料等の詳細を何も理解していない。取り消す方法はないか。

［出典：投資信託（各種相談の件数や傾向）国民生活センター］
http://www.kokusen.go.jp/soudan_topics/data/tousin.html

また、少し古い事例ですが、銀行と銀行員が訴えられ、敗訴したこともありました。少し長いですが、事件の要旨を国民生活センターのホームページから引用します。

原告：X（消費者）
被告：Y（銀行）

関係者：A（担当支店の支店長）B（担当した銀行員）

Xは、取引当時79歳で一人暮らしをしていた（膝《ひざ》に障害があって歩行に支障があるため外出する場合は自動車の送迎またはタクシーの利用が必要な状態であった）。

取引当時、約5000万円程度の預貯金があったが、夫から相続した株式を息子を通じて売却したほかに株取引の経験はなかった。

平成20年3月、A・Bは、定期預金の満期後の運用を勧誘するため、X宅を訪問した。Xは、条件つきで元本が保証される、定期預金よりも高い利回りが期待できるとの説明を聞いて、その場でいわゆるノックイン型投資信託500口を500万円で購入した。その後もAらの勧誘を受け、5月、7月、9月にも同様の投資信託を各500万円で購入した（3月の分と合わせて2000万円）。

購入した投資信託は、ノックイン条件付日経平均連動債を運用対象としているもので、3年の償還期間中、日経平均株価が購入時の65％以上ならば元本全額が償還され、かつ一定の分配金が入る。

しかし、一度でも65％を下回ると、償還時の下落割合に応じた元本割れの損失が生じ、かつ、その後株価がどんなに上昇しても、あらかじめ設定された分配金しか得られないというものである（最初に購入した投資信託を例にとると、3年間保有した場合の分配金合計は元本の6・66%。ただし、早期償還条件に該当すると3年未満で償還されるので、これより少なくなる)。

Xの購入後、株価が下落して損失が生じたことから、Xは、Yに対して、訴えを提起。主位的請求として、Yが扱っている預金と同種のものと誤信し、投資信託との認識はなかったこと等を根拠に契約不成立・錯誤無効を主張し、予備的請求として、適合性原則違反、説明義務違反を根拠に不法行為に当たると主張して損害賠償を求めた。

なお、4本の投資信託のうち1本は訴訟中に償還となって損失が確定しているが、3本は保有を継続しているため評価損の状態である。それらの損失(分配金を控除した額)の合計額は、257万4685円となった。

——[出典:銀行の投資信託販売につき不法行為責任が認められた事例　国民生活センター]
http://www.kokusen.go.jp/hanrei/data/201107_1.html

この事件にある平成20(2008)年といえば、9月にアメリカの証券会社、リーマン・ブラザーズが経営破綻したことで株価が大暴落した「リーマン・ショック」が起きた年です。

「ノックイン型投資信託」は株価指数に連動する商品で、日経平均があらかじめ決めた株価(ノックイン価格)を下回ると、元本が保証されない仕組みです。リーマン・ショックにより元本割れが続出し、銀行に苦情が殺到しました。

私も以前、ノックイン条件つきの「仕組債」を保有していた「被害者」の一人なのでよくわかります。ある一定条件を満たしていれば高い配当金や高金利が保証されますが、一度でもその条件を満たすことができないと元本割れのリスクがある、かなりリスキーな金融商品です。

見た目の金利が高いので素人が飛びつきやすいのですが、たいていの場合ノックイン条件、つまりもしものときに大損する条件にヒットして元本割れするという不思議な商品でもあります。

かのカルロス・ゴーン氏ですら、リーマン・ショックのときにこの商品で大損したのではないかとされています。ゴーン氏は現在、被告人として特別背任罪に問われているものの、大企業を経営するほどの見識を持った人です。そんなゴーン氏ですらひっかかる商品ですから、一般の素人にはリスクが高すぎます。

これを定期預金が満期になった人に勧めた銀行があるというのですから、その営業姿勢を「詐欺」と批判されても仕方ないでしょう。

定年退職者を狙う毎月分配型投信

ノックイン条件つきの投資信託や仕組債の他にも、いまだに根強い人気を誇る「毎月分配型投資信託」も詐欺的だという批判があります。

「毎月分配型」と銘打たれていると、毎月お金が入ってきそうな安心感を得てしまいそうですが、プレジデントオンラインにこんな記事を見つけました。

長年勤め上げた会社を退職した佐藤直行さん・60歳（仮名）。退職金2000万円が銀行口座に振り込まれました。仕事は嘱託として継続することになりましたが、これまでは800万円程度あった年収は、嘱託になると350万円程度に減ることになります。退職金を預金に置いておくのか、それとも何か運用したほうがいいのか悩むところです。

答えが出ないままネット検索をしていたところ、多くの金融機関が〝退職金優遇金利キャンペーン〟を行っていたため、「とりあえず預金にしておこう」と金融機関の窓口に赴きました。その窓口で、「毎月分配金が受け取れる投資信託があります」と説明されたら、関心を持たないはずがありません。

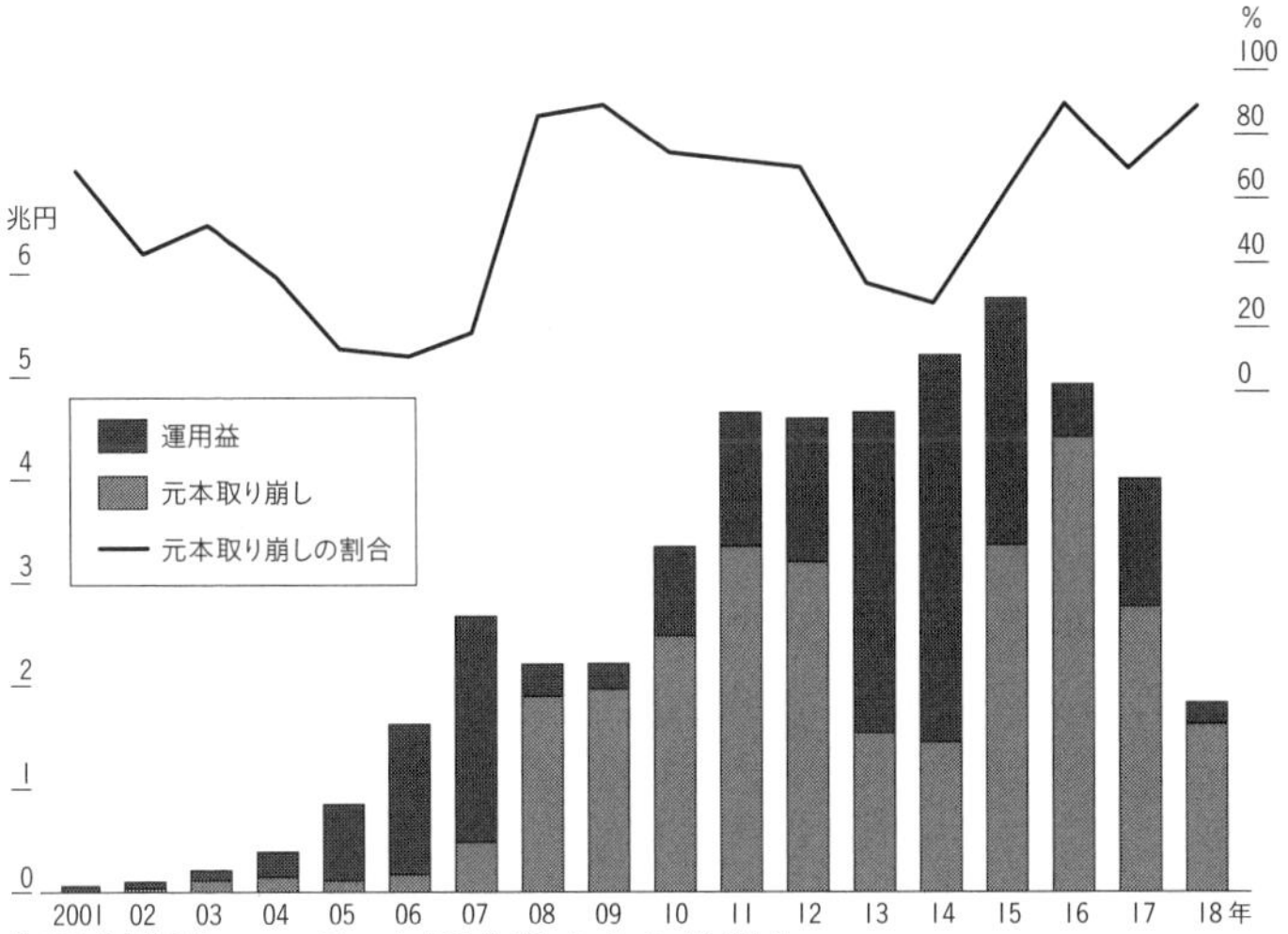

毎月分配型ファンドの年間分配金支払総額を「運用益」と「元本取り崩し」に分解

出典：NIKKEI STYLE　https://style.nikkei.com/article/DGXMZO35105260X00C18A9000000?channel=DF280120166602&page=2

しかし、これが「失敗の始まり」になることを佐藤さんはこの時点で知る由もありません。1年後、元本が減っているだけでなく、分配金も引き下げになり、気が付けば老後資金はすでに15%も減ってしまっていました。

〔出典：毎月分配型投信の「分配金」の実態とは？　プレジデントオンライン〕
https://president.jp/articles/-/25233

なぜこんなことになるのでしょうか？

誤解を恐れずに言えば、毎月分配型投資信託は元本を取り崩して配当しているため、分配金を受け取った分だけ元本が減っているのです。

そのからくりは、投資信託の分配金の内

訳にあります。

分配金には通常、運用益をもとにした「普通分配金」と、元本の一部取り崩しに相当する「特別分配金」(元本払戻金)の2種類があります。

毎月分配型投資信託は、運用益が出ているときは普通分配金で支払えますが、株価の暴落などによって運用益が出ていないときは、元本を取り崩して特別分配金を支払うのです。特別分配金を出せば、その分だけ元本が削られてしまいます。先ほど紹介したケースは、まさにこれでした。

QUICK資産運用研究所の高瀬浩氏によれば、2008年のリーマン・ショック以降、投資信託はどれも運用難で特別分配金の割合が増えたそうです。

アベノミクスをきっかけに株高と円安が進み、2013年と2014年は7割程度が普通分配金で支払われましたが、2016年以降は特別分配金が復活しました。

「16年は分配金の約9割、17年は約7割、18年(7月末時点)は約9割が元本の取り崩しとなっている」とのことです。

高い手数料収入で分配金が削られる

バランス財産3分法ファンド（不動産・債券・株式）毎月分配型〈財産3分法〉ネット専用
海外株式ラサール・グローバルREITファンド（毎月分配型）ネット専用
海外債券エマージング・ボンド・ファンド・円コース（毎月分配型）
海外債券エマージング・ボンド・ファンド・豪ドルコース（毎月分配型）
海外債券エマージング・ボンド・ファンド・中国元コース（毎月分配型）
海外債券エマージング・ボンド・ファンド・トルコリラコース（毎月分配型）
海外債券エマージング・ボンド・ファンド・ニュージーランドドルコース（毎月分配型）
海外債券エマージング・ボンド・ファンド・ブラジルレアルコース（毎月分配型）
海外債券エマージング・ボンド・ファンド・南アフリカランドコース（毎月分配型）
海外債券世界銀行債券ファンド（毎月分配型）〈ワールドサポーター〉ネット専用

出典：三井住友銀行　※以下のURLの検索画面で「毎月分配型」というキーワードで検索し、トップ画面に表示された投資信託（2018年12月12日現在）　https://fund.smbc.co.jp/smbc/qsearch.exe?F=search

毎月分配型投資信託を先ほどと同様、三井住友銀行の投信画面で検索すると、上のような商品がヒットします。

商品名には「海外」「エマージング」などの字が散見されます。もうこの時点で、これらの商品はリスクが高いことに気づかないといけません。エマージング（新興国）の株、債券、不動産が投資対象となっているため、当たればリターンはデカイのですが、ハズレたときの損失もデカイ、そんなハイリスク・ハイリターンの金融商品です。

例えば、ドバイの不動産は原油価格の影響で乱高下しますし、ブラジルの債券は下手するとデフォルト（債務不履行）になるかもしれません。そうしたリスクを考えたら相当高い分配金をもらわないと見合いません。一見、毎月分配型投資信託の利回りが高く見えるのは、そのリスクの代償ということでもあります。

しかし、その高いリターンを削って余りある高い手数料が設定されています。一番上の「バランス財産3分法ファンド」は、購入時手数料が2・16％（税込）、信託報酬等が純資産総額に対し年率1・026％（税込）、信託財産留保額が0・3％となっています。

基本的なことですが、投資信託にはインデックス（指数連動）型と、運用担当者の腕で指数を上回ることを目指すアクティブ（積極運用）型があります。

大まかに言うと、インデックス型はローリスク・ローリターン、アクティブ型はハイリスク・ハイリターンを狙う投資信託です。アクティブ型はファンドマネジャーが個別銘柄を精査して選ぶ分、指数連動のインデックス型よりコスト高になります。

私自身は基本的にインデックス型の投資信託しか買いません。その理由は手数料です。

例えば、三井住友銀行の「三井住友・DCつみたてNISA・日本株インデックスファンド」という投資信託の場合、購入時手数料と信託財産留保額は0円、信託報酬等は純資産総額に対し年率0・1728％（税込）となっています。私からすれば、投資信託は、こうしたゼロとか1ケタ未満の手数料が基本です。

銀行の取り扱う金融商品はさまざまですが、新興国に関連するリスクの高い投資信託もたくさん含まれています。残念なことに、銀行に利益をもたらすのは手数料の安いインデックス型ではなく、リスク満載で手数料の高いアクティブ型のほうです。

メガバンクも地銀も必死で勧誘してくる理由は、まさにここにあります。

八方ふさがりで大規模リストラ

銀行は投資信託を販売することによって、手数料収益を増やすことに力を入れています。ところが、銀行の利益は増えていません。コストがかかりすぎているからです。住宅ローンも、消費者ローンも、投資信託も、問題解決の切り札にはならず、旧態依然としたビジネスモデルで費用を垂れ流す。銀行経営は、まさに八方ふさがりの状態なのです。

経営を維持していくためには、コストを削減するしかない状況です。そのため、銀行は大規模なリストラ策を発表しています。２０１７年に発表されたメガバンクのリストラ策は次ページの表の通りです。経費削減の波はメガバンクだけではありません。地銀がものすごい勢いで統廃合されています（95ページ参照）。

銀行は統廃合することによって店舗や人員を減らして、コストを削減することができま

みずほフィナンシャルグループ(FG)
2026年度末までにグループの従業員を1万9000人削減

三菱UFJフィナンシャル・グループ
2023年度末までに9500人分の業務量を削減

三井住友フィナンシャルグループ
2019年度末までに4000人分の業務量を削減

す。特に地銀は約半数が本業で儲かっていないのですから(76ページ参照)、こういう動きは加速していくでしょう。銀行を陰で操る金融庁と日銀も、それを望んでいるようです。

これに対して、多くの銀行には主体性が備わっていません。かつては「認可制」で支店を設置する場所や店舗数、職員数、営業時間などを厳しく制限して、〝箸の上げ下ろし〟まで大蔵省の担当局が決めていましたが、2002年に銀行法が改正されて出店が「届け出制」に変わったことなどによって、護送船団方式から金融自由化が進んだと言われています。

しかし、それは形だけのことです。基本的に日本の銀行はいまだに護送船団方式で、実際には金融庁と日銀によって箸の上げ下ろしまでコントロールされていると私は思っています。もし、そうでなければ地銀の横並びの苦境や、メガバンクの横並びのリストラという現象を説明できません。

そして残念なことに、金融庁と日銀の官僚たちは、真の意味で銀行経営をやったことがない、いわば素人の集まりで

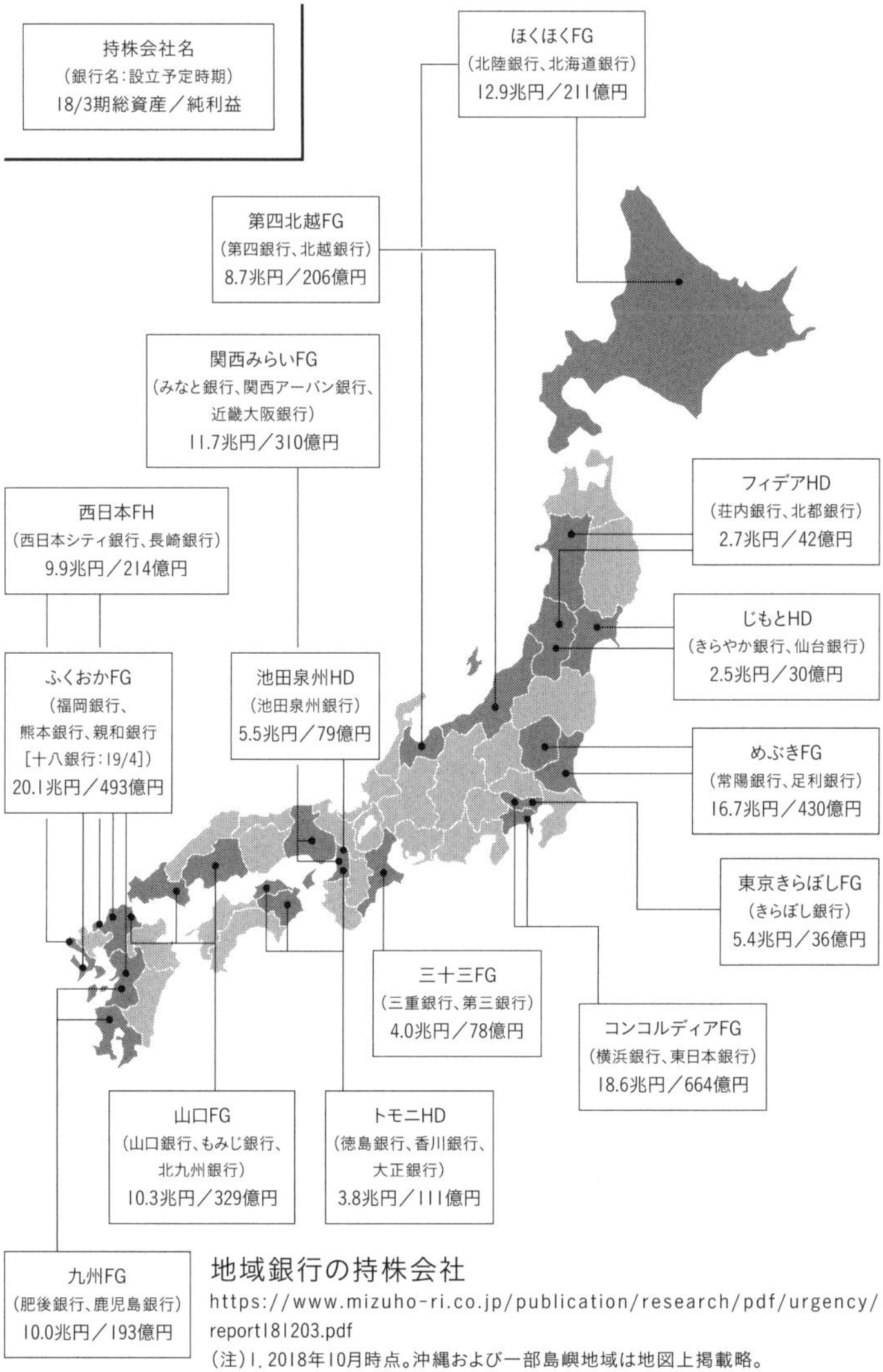

地域銀行の持株会社

https://www.mizuho-ri.co.jp/publication/research/pdf/urgency/report181203.pdf

(注)1. 2018年10月時点。沖縄および一部島嶼地域は地図上掲載略。

2. 関西みらいFG傘下の近畿大阪銀行と関西アーバン銀行は2019年4月に、トモニHD傘下の徳島銀行と大正銀行は2020年1月に、ふくおかFG傘下の十八銀行と親和銀行は同年10月に、第四北越FG傘下の第四銀行と北越銀行は2021年1月にそれぞれ合併を予定。三十三FG傘下の三重銀行と第三銀行は今後の合併を検討。

(資料)各行公表資料より、みずほ総合研究所作成

す。金融市場の厳しさ、シビアさなど、たぶん現場で一度も味わったことのない受験エリートが、切った張ったのリアルな金融界で通用するのでしょうか？

次章では、その点について厳しく検証してみたいと思います。

第4章

銀行経営は
がんじがらめ

護送船団方式とは何か？

金融庁と日銀による護送船団方式を細かく検証するため、まずは戦前戦後の日本の金融について、きちんと振り返っておくことにしましょう。

第二次大戦直後の日本経済はどん底にありました。生産設備や流通網の破壊、働き盛りの若者の大量戦死、そして現在の北朝鮮のような経済封鎖によって、ＧＤＰ（国内総生産）は戦前の半分くらいに減りました。生活物資をはじめとする多くのものがまともに作れない状況で、国民は物不足と物価高騰に苦しんだのです。

この頃、もし戦前（１９３０年前後）の昭和恐慌のときのように銀行が潰れまくったらどうなっていたでしょうか？　国民はヤケを起こして暴徒化し、混乱に乗じて共産党がゼネラル・ストライキを扇動し、そのまま社会主義革命が起こってしまっていたかもしれません。そんなことになれば、日本経済どころか、日本そのものがひっくり返っていたことでしょう。

そうならないように当時の政府は、民間の銀行が絶対に潰れないように徹底的に保護しました。これがいわゆる護送船団方式です。簡単に言えば、「大蔵省と日銀の言うことに従ってさえいれば銀行は絶対に潰れない（潰さない）制度」のことです。

この制度は、確かに日本の戦後復興と、その後の高度経済成長を成し遂げるためには有益でした。

戦争直後の1945年のGDPは、1940年の半分くらい。戦争によって、たった5年で半減しました。その後、日本が1940年と同等の経済規模を取り戻したのは、1956年のことです。復興には、GDPが半減した年月の約2倍、実に11年を要したわけです。

これほど復興に時間を要したのは、戦争による破壊規模が大きかったからではありません。実は1950年に勃発した朝鮮戦争による特需で、日本経済が棚ぼた的に好転するまでは、経済政策をめぐって「緊縮派」と「緩和派」による綱引きがあり、これが景気回復を遅らせたのです。

緊縮派とは、財政規律を重んじ、高いインフレ（物価上昇）率を嫌う考え方を持つ人たちです。いまでも欧州のリーダーやEU（欧州連合）の官僚、日本の財務省などにたくさん存在しますが、戦後はアメリカ政府およびGHQ（連合国軍総司令部）が緊縮志向でした。

戦後は世界中がインフレ傾向にありました。戦時中に抑え込まれていた消費者の需要が、一気に解き放たれたからです。消費者の需要に生産者の供給が追いつかないため、物価が高騰することはある意味当然だったのですが、それをよしとしなかったのが緊縮派です。

生産設備が戦争によってまったくダメージを受けなかったアメリカでさえ、消費者の需要に生産者の供給は追いつきませんでした。アメリカのインフレ率は1946年8・3%、1947年14・4%、1948年8・1%と、かなりの高水準で推移しました。

しかし、アメリカ政府および中央銀行のFRB（米連邦準備制度理事会）は、インフレ率が10%近い水準で高止まりしていることを嫌気して、これを抑制しようと緊縮に走りました。

FRBは民間の銀行に対して貸し出しするときの基準金利である公定歩合（手形割引率）を徐々に上げることで金融を引き締め、インフレを抑制しようとしたのです。

公定歩合を引き上げると、民間の銀行融資は貸出金利を引き上げないと儲かりませんから、おのずと企業の金利負担は増加します。こうすることで資金需要を減退させて、過熱したインフレ景気を冷やすというのが緊縮策なのです。

次ページのグラフをご覧ください。

1948年から公定歩合のギアが上がっていることが、グラフから見て取れます。さらにアメリカは、このようなインフレ抑制策を敗戦国である日本やドイツにも求めてきたのです。

歴史教科書などによれば、戦争直後の日本では物不足により極端なインフレが起こったとされています。このインフレ（貨幣価値の急落）を「ハイパーインフレ（月率50%、年率1万3000%の物価上昇）だった」と言う人もいます。しかし、本当にそうだったかは、検証が必要です。

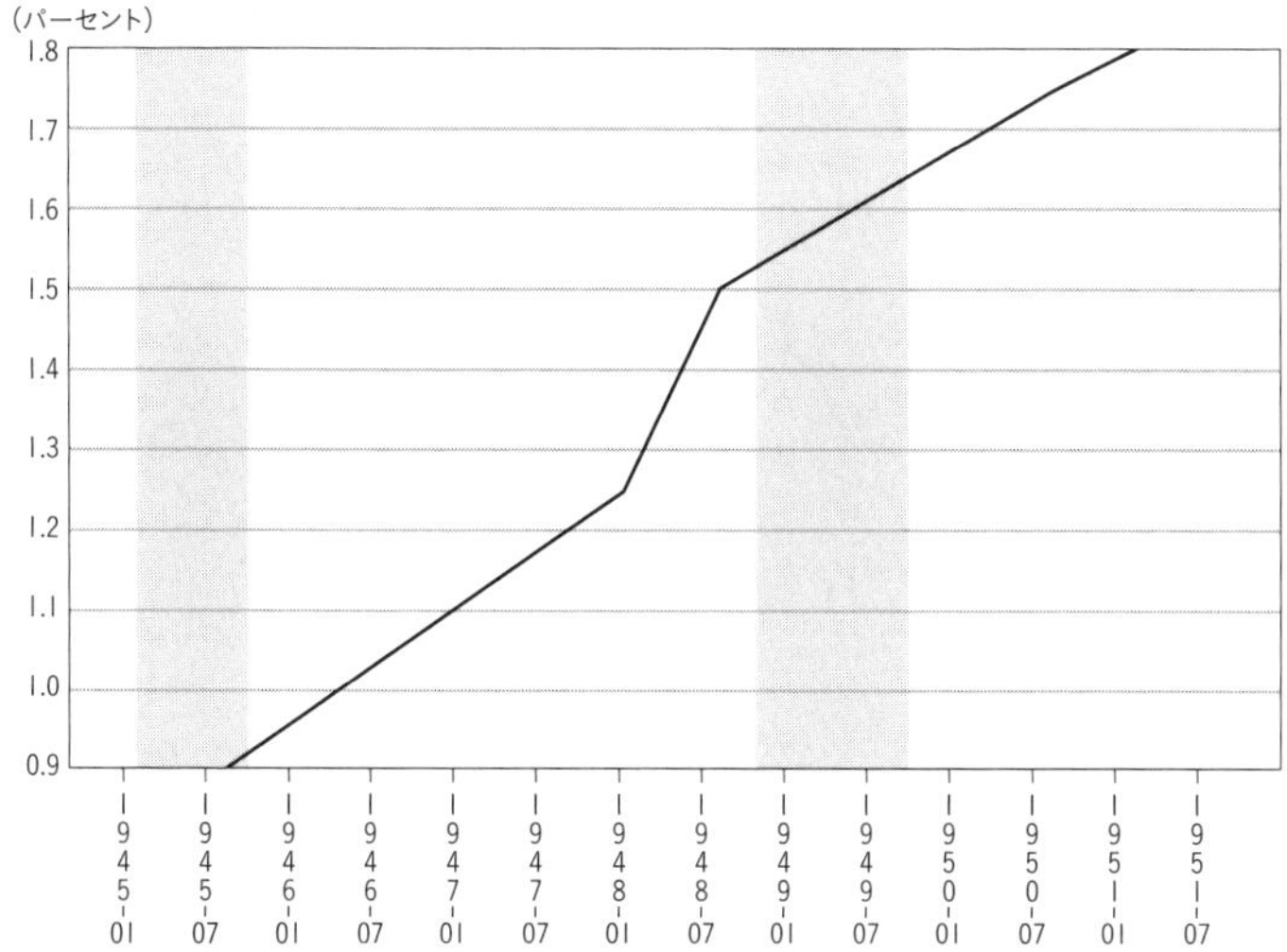

アメリカの公定歩合の推移
出典：セントルイス連銀　https://fred.stlouisfed.org/graph/fredgraph.png?g=mrag

大蔵省のレポートには、次のように書いてあります。

> 公定価格に基づいた物価指数は，現状を必ずしも反映しているとは限らない。（中略）
> 1945年9月を基準とした自由・闇価格ベースの消費財物価指数を見ると，物価水準は1949年4月にピークを記し，3年7か月の間に8倍の増加を示した（図1：図2）。これは倍率から言うと，公定価格ベースの上昇の10分の1以下である。また，この間の物価上昇を上昇率で見ると，連続複利計算したインフレ率は月率で4・9%，年率で59%であり，公定価格

戦後期の消費財物価指数：1945年9月〜1951年12月（1945年9月＝100）
出所：大蔵省・日本銀行『財政金融統計年報』1948年　大蔵財務協会『財政金融統計年報』第19号，物価特集，1951年　経済安定本部物価局『物価要覧』1952年7月

ベースのインフレ率の概ね2分の1であった。しかし，いずれの基準で見ても，月次50%の物価上昇率をハイパーインフレーションの基準とした，Cagan（1956）の古典的な定義から言うと，わが国の戦後インフレはハイパーインフレーションからはほど遠いものであった。

［出典：〈大蔵省財政金融研究所「フィナンシャル・レビュー」November 1994〉戦後インフレーションとドッジ安定化政策——戦後期物価変動の計量分析——］
http://dl.ndl.go.jp/view/download/digidepo_1172521_po_r_33_001_024.pdf?contentNo=1&alternativeNo=

高いインフレ率は、消費者の高い需要を反映していたにすぎません。戦時統制経済が敷かれ、鬱積《うっせき》していた日本人の消費欲求が戦後に爆発したうえ、国土が焦土と化して生産力が下がり物不足になったわけですから、年率59%のインフレ率も仕方のないことだったのです。

誰が経営しても銀行が儲かった時代

日本政府は何とか物不足を解消しようと、1947年1月に全額政府出資で政府金融機関「復興金融金庫」を設立して「復興金融債」を発行し、それを日銀に引き受けさせました。

こうして調達した巨額資金を石炭産業と鉄鋼業に集中的に融資したのです。産業の根幹であるエネルギーと鉄の生産量を増やせば、その波及効果で他の物資の供給も増えると考えたからです。

しかし、復興金融債を大量発行して日銀に引き受けさせるという方法は、通貨(紙幣や硬貨など)の増発をともなうため、インフレを招きました。これを嫌気したGHQは、日本のインフレを退治するため、ジョセフ・ドッジという人を送り込みました。

ドッジは1949年2月、GHQの金融政策顧問に任命された人物ですが、日本政府に対して復興金融金庫による融資の停止、超均衡予算、価格差補給金の停止を提言してきました。この緊縮予算と金融引き締めは、「ドッジ・ライン」（ドッジ・プラン）と呼ばれています。

超均衡予算と価格差補給金について、簡単に説明しておきましょう。

均衡予算とは、歳入と歳出が同額であるということですが、これに〝超〟がつくと、歳出を最低限にして、余ったお金をすべて国の借金返済に回すということになります。

一方の価格差補給金とは、石炭・鉄鋼という重要物資の消費者価格が、生産者価格より低くなったときに、その差額を政府が負担するという生産者保護のための国庫支出金です。

敗戦国でGHQに逆らえなかった日本政府は、1949年4月からの予算を無理やり組み換えて、1567億円の財政黒字を計上するほどの歳出削減を実行します。

ドッジ・ラインという外圧に従ったこの緊縮予算と金融引き締めが、日本の復興に冷や水を浴びせることになったのです。

ドッジが提唱したのは、一種のデフレ政策です。だからこそ、インフレ抑制には効果的でした。先ほど引用した102ページのグラフを見てください。1945年9月を100とした物価指数でみると、1949年に800だったものが、1950年初頭には500へと急落しています。インフレ抑制という意味で、ドッジの政策は効きすぎるぐらい効いたのです。

ところが、こうした物価下落にはトンデモないマイナス面があります。物価が下がると企業は儲からなくなりますから、企業の倒産や失業が増加してしまったのです。

このような急激なインフレ抑制策は、物価の急速な安定をもたらしたが、その一方で通貨供給量の減少により、産業界は深刻な資金不足に陥って失業や倒産が相次ぎ、いわゆる「ドッジ不況」がおこった。自動車業界では、1949年4月以降、普通トラックの需要が鈍化したため、配給統制下の割当車両を辞退する販売店も現れた。同年7～8月には販売店の引き取り辞退から、トヨタ自工の在庫台数が一時400台を上回った。

(中略)

こうした業績の悪化は、トヨタ自工ばかりでなく、日産自動車、いすゞ自動車も同様であった。1949年10月には1000人を超す人員整理が発表されたことに端を発し、激しい労働争議が両社で起こった。

［出典：トヨタ自動車75年史　トヨタ企業サイト］

https://www.toyota.co.jp/jpn/company/history/75years/text/taking_on_the_automotive_business/chapter2/section6/item6.html

ドッジ・ラインに従って緊縮に動いた日本政府ですが、デフレ不況に見舞われてしまったため、今度は一転して金融緩和に動きました。

1949年の6月から8月にかけて、日銀は民間が保有する復興金融債、優良社債、日本興業銀行が発券する金融債権などを積極的に購入し、民間の市場にお金をどんどん供給したのです。

もちろん、緊縮によるデフレ政策を提唱したドッジとしては、自分のプランに逆行する日本政府の動きが気に入りません。1949年10月、再び来日したドッジは、経済の安定化計画の第二期として、給与水準、公務員給与ベースの据え置き、経済統制の緩和、整理など、再び緊縮政策を提言したのです。

このように戦後の経済混乱は、緊縮派と緩和派の綱引きにより長引いてしまいました。ところが、緩和政策に動いた日本政府に対するドッジの緊縮政策は、この後、うやむやになってしまいます。朝鮮戦争の勃発により、特需が湧き起こったからです。

1950年6月25日に突如、北朝鮮の朝鮮人民軍10万の大部隊が韓国を奇襲し、朝鮮戦争が勃発。戦争発生から5日後、アメリカは地上軍の投入を決定し、7月1日から大々的な物資調達が始まりました。これによって日本の景気は、棚ぼた的に好転したのです。

韓国軍の装備を早急に補うため、戦場に最も近い日本の工業力が利用され、同年7月10日には早くも米国第8軍調達部からトラックの引き合いがあった。トヨタでは、BM

型トラック1000台を受注し、7月31日にトヨタ自工・自販共同で契約を締結した。納入は、翌8月に200台、9月と10月に各400台であった。その後もトヨタは、8月29日に2329台、翌1951年3月1日に1350台と合計4679台のBM型トラックを受注した。金額にすると36億6000万円である。（中略）
トヨタ自工は、ドッジ・ラインの影響で深刻な経営危機に陥り、人員整理にまで手をつけなければならなかったが、朝鮮特需を契機に業績は好転し、新たな一歩を踏み出すことができたのである。

――［出典：トヨタ自動車75年史　トヨタ企業サイト］
https://www.toyota.co.jp/jpn/company/history/75years/text/taking_on_the_automotive_business/chapter2/section7/item2.html

もしこのときに朝鮮特需が生まれず、ドッジの緊縮政策が実行されていたら、日本経済は文字通り死を迎えていたことでしょう。そのときは社会主義革命が起こって、日本の自由は失われていたかもしれません。
朝鮮特需のおかげで1950年から1952年まで日本の経済成長率は10％を超えました。その後、1年足らずの景気後退局面を挟んで「神武景気」（1954年12月～1957年6月）が続きます。そして1956年、日本のGDPは戦前の1940年のGDPを上回り、日本政府は『経済白書』の序文において「もはや戦後ではない」と宣言したのです。

さて、これを本題である銀行の立場から見てみましょう。1945年の戦争直後から1949年のドッジ・ラインによる緊縮政策までの間は、戦後の復興特需によるインフレと、ドッジ・ラインという外圧によるデフレ政策との綱引きで、日本経済はジェットコースターのように不安定な状態でした。

しかし、1950年の朝鮮特需が転機となり、それ以降は好景気が続き、銀行にとっては有望な貸出案件が豊富に存在する状態が安定的に続きました。企業や個人の資金需要は旺盛ですから、金利も高く、銀行は誰が経営しても儲かるような状況でした。

ところが、1958年に再び転機が訪れます。それまで設備投資とほぼ同額で伸びていたGDPが、設備投資の額を下回るようになったのです。後に池田勇人首相の経済顧問となる大蔵官僚の下村治氏は、この状況を次のように解釈していたそうです。

日本経済は31年度（1956）あたりまでは、いわば供給力不足の経済であった。現在の供給能力に比べて総需要は超過し、high pressureの状態にあった。

——［出典：在庫論争・経済成長論争の問題点　篠原三代平（1959年）］

つまり、このあたりまではまだ戦後復興の時期であり、生活に必要な物は不足し、作れば何でも売れる状態だったということです。

戦後最大の経済論争の決着

1960年へと近づくにつれ、次第に戦後復興の需要は色褪《あ》せ、それまでのビジネスモデルは通用しなくなってきました。下村氏に言わせれば、「これまでの供給力不足経済は供給力過剰経済に転換しはじめた」（前掲論文）ということになります。

この頃、1950年からの朝鮮特需を転機に急成長した日本企業ですが、以下の3つの弱点がありました。

①少なすぎる内部留保
②多すぎる借入金
③民間銀行の日銀依存

先ほど引用したトヨタ自動車の事例のように、ある日突然、アメリカ軍から巨額注文を受けてしまった場合、納期に間に合わせるためには銀行から巨額資金を借り入れて即座に生産ラインを増強する必要があります。

当時の企業の財務基盤は脆弱であり、設備投資は多額の借入によって賄うしかなかったのです。これが、①と②のことを指します。

また、資金を貸し出す銀行のほうは、突如として湧いた巨額資金の需要に応えるため、後から預金をかき集めていたのでは到底間に合いません。そこで、日銀に泣きついて巨額資金を瞬時に融通してもらうという荒業を使います。これが③で指摘されていることです。

こうしたビジネスモデルは、生産設備がフル稼働する好景気のときには大変頼もしいのですが、生産設備が過剰になってしまうと収益率が低下し、投資利回りの低下によって企業の経営は悪化していきます。

こうした状況の中、当時、多くのエコノミストが「戦後復興は終わったので、経済成長もこれで終わり」と主張しました。ところが前出の下村氏は「日本経済はまだ成長の余地がある」と論争を仕掛けたのです。

論争の相手は、官庁エコノミストの〝大ボス〟である都留重人《しげと》氏、経済企画庁の大来《おおきた》佐武《さぶ》郎《ろう》氏、日本銀行の吉野俊彦氏などでした。この論争は日本経済の「成長論争」と呼ばれ、戦後最大の経済論争とも言われています。

この論争の論点は、経済成長において技術革新、いまの言葉で言うならイノベーションをどこまで見込むかという点にあります。

多くのエコノミストは「過去に造られた設備の生産性はいずれ下がり、投資利回りは低下する」と考えていましたが、下村氏は「技術革新によって生産性は高まり、投資利回りは落ちない」と反論したのです。

下村氏の考えに従えば、政府が当時予想していた経済成長率6％は低すぎる。技術革新を促すような投資を促進していけば、日本は2ケタ成長を維持できるというものです。

1958年に下村氏が発表した「経済成長実現のために」という論文は、後に首相となる池田勇人氏の目にとまりました。池田氏は首相就任の前年に「月給倍増論」を表明し、1960年に成立した池田内閣において、下村氏のアイデアを全面的に採用した「国民所得倍増計画」を発表したのです。

すると1960年代、日本は平均で10％を超える高度経済成長を実現しました。まさに下村氏の予想した通りとなったのです。かくして戦後最大の経済論争は、独創的な経済理論に基づく下村氏の完勝となりました。

誰がやってもぼろ儲けの楽な商売

1960年代に日本政府が高度経済成長を諦めなかったことは、銀行にとって有望な貸出案件が豊富に存在する状況が継続したことを意味します。下手をすれば1950年代で終わってしまうはずだった銀行のビジネスモデルは、さらに10年延命したのです。

神武景気の1955年から1973年の石油危機（オイル・ショック）まで、日本の実質経済成長率は年平均10％を超えました。これは欧米の2～4倍もの高水準で、融資の返済に困るような企業は少数派でした。

こんな好景気が何年にもわたって続き、誰もが「今日より明日はよくなる」と信じて疑わなかったような時代ですから、儲けられなければ相当にビジネスセンスがありません。銀行にとっては、それほどまでに追い風の状況が続いたのです。

これを金融政策の面から見てみましょう。先の下村氏は、企業の借り入れが多くなってしまうのは、民間部門の過剰な投資行動が原因ではなく、消費者の需要に応えようとして設備投資を増やした結果にすぎないと考えました。

高度経済成長の肝は、技術革新（イノベーション）です。当時の日本は先行するアメリカに

「追いつき、追い越せ」とばかりにキャッチアップする過程にあり、最新型の生産設備にどんどん更新していく必要がありました。

キャッチアップとは、日本語で「追いつく」ことを意味します。日本は先行するアメリカに追いつくため、アメリカを徹底的に真似しました。

経済の最先端を走る国は、試行錯誤に相当なエネルギーを費やす必要がありますが、追いつこうとする国は、先行する国の試行錯誤を省略して、ひたすら正解を真似ることができます（経済制裁を食らうまでチャイナがアメリカの先端技術をパクりまくっていた理由もこれです）。

もし政府や日銀が貨幣価値の安定にこだわり、金融政策を緊縮気味に運営したら、企業は技術革新に必要な資金を得られなくなってしまいます。それは追いつく速度の大幅な減速を意味します。減速しないためには、日銀の金融政策もできるだけ緩和気味に運営されるのが望ましいのです。

下村氏は、いみじくも次のように述べています。

「通貨の管理は、単に通貨価値の安定のためにのみ行われるべきではなく、国民経
の健全な発展に寄与することをも目標とすべき」

――［出典：『経済成長実現のために：下村治論文集』下村治著（宏池会、1958年、p.

戦後、旧来型の金本位制（貨幣価値を金の信用により裏づける仕組み）は終
金の保有量に縛られず、通貨を発行することが可能になったのです。
360円という固定レートを守ることだけ。1949年に戦勝国のア
れたこの為替レートは、信じられないような「円安・ドル高」のレー

円安・ドル高とは、1ドルに対して円の価値が安くなることを意
ドル360円になる上限ギリギリまで通貨量を増やすことが可能です。

この貨幣量を維持するには、経済成長率に比べて比較的低い水準に保つ必要がありま
なぜなら、金利のほうが高ければ、人々はお金を銀行に預けてしまうからです。お金が銀行に預けられると貨幣量が減り、1ドル360円の固定為替レートは維持できません。

50ページで説明したように、名目上は現在よりずっと高い金利に見えても、経済成長率と比較したら実質的には低金利です。こうした柔軟な金融緩和政策が、高度経済成長を大いにサポートしたのです。一方で、1950年の朝鮮特需以降、有望な貸出案件が豊富に存在しすぎて、銀行の資金が足らない状態が続きます。110ページでも指摘しましたが、この頃、民間銀行の日銀への資金依存が高まっていました。

この状況を緩和するため、1952年に長期の設備資金を貸し出す特別な銀行が設立されました。それがいまは亡き「長期信用銀行」という業態です。

長期信用銀行には、日本興業銀行（興銀）、日本長期信用銀行（長銀）、日本債券信用銀行（日債銀）と3行ありましたが、私が勤めていた長銀は、この頃に新設された銀行だったのです。

ちなみにバブル崩壊後、長銀と日債銀は経営破綻と一時国有化を経て普通銀行（私が勤めていた長銀は新生銀行、日債銀はあおぞら銀行）に転換しました。興銀は、都市銀行の第一勧業銀行、富士銀行と合併してできたみずほ銀行に吸収されました。こうして長期信用銀行という業態は、姿を消しました。

さて、ここまで戦後日本経済を振り返って、もうお気づきのことでしょう。日本の銀行は護送船団方式に守られ、朝鮮特需や政府の高度経済成長政策によって、棚ぼた的に有望な貸出案件が豊富に存在する状況を長年にわたって得てきました。つまり、銀行の経営者は主体性などまるでなくても、時代の流れに乗ってぼろ儲けできたわけです。

もちろん、優秀な経営者も中にはいたかもしれません。しかし、絶対に落伍者を出さないという護送船団方式でやっている限り、無能な経営者との差はつきません。

やはり、誰がやってもぼろ儲け。実はいまに始まったことではなく、銀行が事業性を判断する審査能力など、この頃からずっとなかったのです。

監督官庁の顔色を窺《うかが》い、同業者の出方を見て流れに乗っていれば、おのずと儲けられる。戦争直後から一貫して銀行とは、そんな楽な商売だったのです。

黒船が来襲しても銀行は目覚めない

高度経済成長は、永久には続きません。なぜなら、それがキャッチアップ型の経済成長だからです。どんなに遅れた国でも先行する国に追いつこうとすると、10年ぐらいすれば先頭ランナーの背中が見えてきます。

先頭ランナーに追いつき、追い抜こうとすると、新たな問題が発生します。それまでのようなパクリ（模倣）が通用しなくなるのです。自らが経済の最前線に立つには、それまで先頭ランナー任せだった面倒くさい試行錯誤による技術革新（イノベーション）をしなければなりません。

しかも、そうした試行錯誤をスピードアップするには、最低でも先頭ランナーと同等の国内経済体制を整える必要があります。具体的には、資本取引の自由化、各種規制の撤廃、貿易の自由化、知的財産権の保護など、面倒な国内制度改革がどうしても必要になってきます。なぜそんなことが必要なのかというと、前述したように経済成長の根本はイノベーションによるところが大きいからです。では、どうすればイノベーションを起こせるのか？

実のところ、その答えはありません。

算数のように公式による唯一絶対の正解があるわけではなく、答えがわからない状態でただひたすら大量の試行錯誤を繰り返し、結果として突然出てくるのがイノベーションというものです。

その大量の試行錯誤は、自由な経済からしか生まれません。自由な経済とは、自由に思考し、発想し、試し、つくって、売り、最終的にそのリターンが自分に返ってくる経済です。さらにつけ加えるなら、そこで失敗しても何らかのセーフティーネットがあって、再びチャレンジできる仕組みも必要になります。

しかし、たいていの国はそれほど大胆な改革ができるはずもなく、自国の現状の制度や枠組みを変えず、10年も経てばパクリでもできるキャッチアップの領域を食いつぶしてしまいます。日本もご多分に漏れず、それを食いつぶしてキャッチアップ型の高度経済成長は１９７３年に終わりました。

これを銀行の立場から見るなら、高度経済成長の終焉とともに、銀行にとって有望な貸出案件が豊富に存在していた状況も先細り傾向となりました。

護送船団方式が通用した時代はここまで、ここからは何か新しいことをしなければいけなかったのですが……。

戦後わが国では、間接金融中心の金融システムが構築されるとともに、護送船団方式による金融行政のもとで、金利規制による貸出金利・預金金利両面における低金利政策がとられ、相対的に低いとはいえ一定の利鞘の保証により、銀行収益の安定性が確保されてきた。1980年代頃までみられた銀行による預金獲得競争は、有望な貸出案件が豊富に存在し金利規制により一定の利鞘が保証されている状況のもとでは、極めて合理的な行動と言えるだろう。しかしながら、金利の自由化、資本市場の整備等による市場との競合、経済の成熟化による有望な貸出案件の減少等により、徐々に銀行収益・経営の安定性は失われていった。また、BIS自己資本比率規制の導入は、銀行が収益水準を向上させる手段としてレバレッジを高めることを抑制した。今や銀行は、その負担する信用リスクとの比較において、また、国際的な収益率の評価基準との関係において、十分な収益性を確保できていないと判断される。

――【出典：わが国金融システムの将来像―変革の圧力と金融当局の役割― 馬場直彦・久田高正】

https://www.imes.boj.or.jp/research/papers/japanese/kk20-4-1.pdf

護送船団方式は、有望な貸出案件が豊富に存在しているときにしか成り立たない制度です。よって、1950年からの朝鮮特需と1973年までの高度経済成長期までは有効な制度でした。しかし、それ以降有望な貸出案件の減少により、この護送船団方式は徐々に時代遅れになっていったのです。

1974年は前年の石油危機（オイル・ショック）にともなって戦後初のマイナス成長となりましたが、政府も日銀も、銀行経営者も、まったく目覚めませんでした。

中でも銀行経営者が目覚めなかった理由は、高度経済成長期にしこたま貸しつけた債権が食い扶持《ぶち》として残っていたからです。そこから得られる莫大な金利収入がある限り、経営層は安泰です。当時の監督官庁である大蔵省は、高度経済成長の終焉を迎えて、次の一手を打つどころか、過去の栄光にすがって護送船団方式を続けました。まさに平和ボケの状態だったのです。

ところがタイミング悪く、日本経済に大きな危機が襲います。それは1ドル360円の超円安固定レートの終焉です。1971年、アメリカ政府は突如、ドルの金兌換《だかん》（ドル紙幣を銀行に持っていくと同等価値の金と交換してくれる制度）を停止しました。いわゆる「ニクソン・ショック」の発生です。

その2年後の1973年、1ドル360円という割安な固定レートは廃止され、日本の為替は固定相場制から変動相場制へと移行し、一気に円高が進みました。これは輸出産業にとっては、大きなショックとなりました。円の価値がどんどん上がるのですから、同じ製品

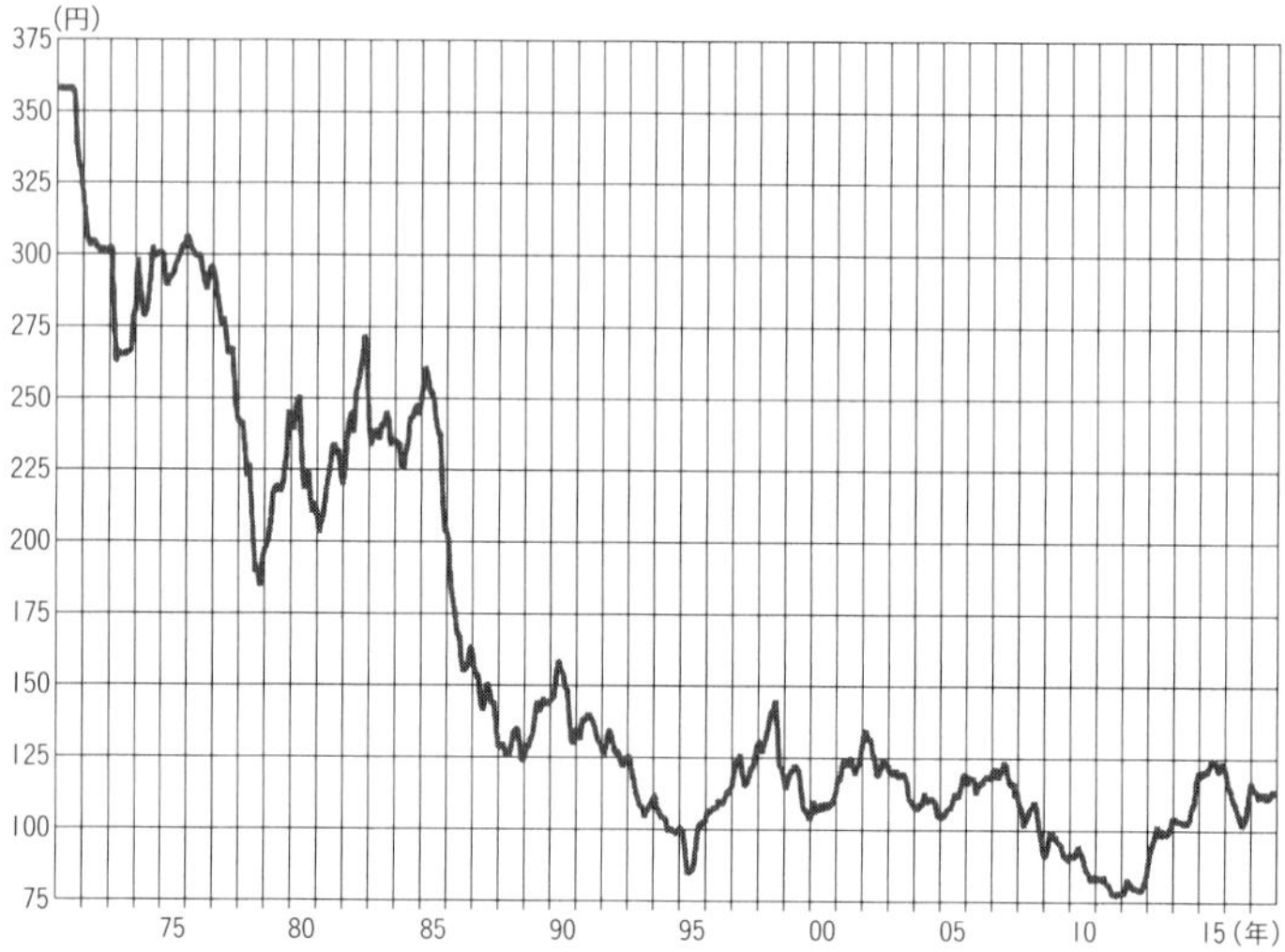

1ドルあたりの日本円 月平均の推移
出典：為替ラボ　https://xn--1-nguwep56l.com/

を輸出してドル建ての売り上げは変わらなくても、円換算の売り上げがどんどん下がってしまうからです。

急激な円高で日本企業がダメージを受けることを恐れた大蔵省は、１ドル２５０円前後に誘導するためのシャドー（影の）為替介入を続けました。変動相場制というのは「為替介入をしない」ことが前提ですから、これは完全にルール違反です。

日本の為替操作に業を煮やしたアメリカは、鉄槌《てっつい》を下しました。それが１９８５年にＧ５（日米独英仏の先進5カ国）が協調してドル高の是正を決めた「プラザ合意」です（ニューヨークのプラザホテルで開催されたのでこう呼ばれています）。

これにより一気に円高が進みました。

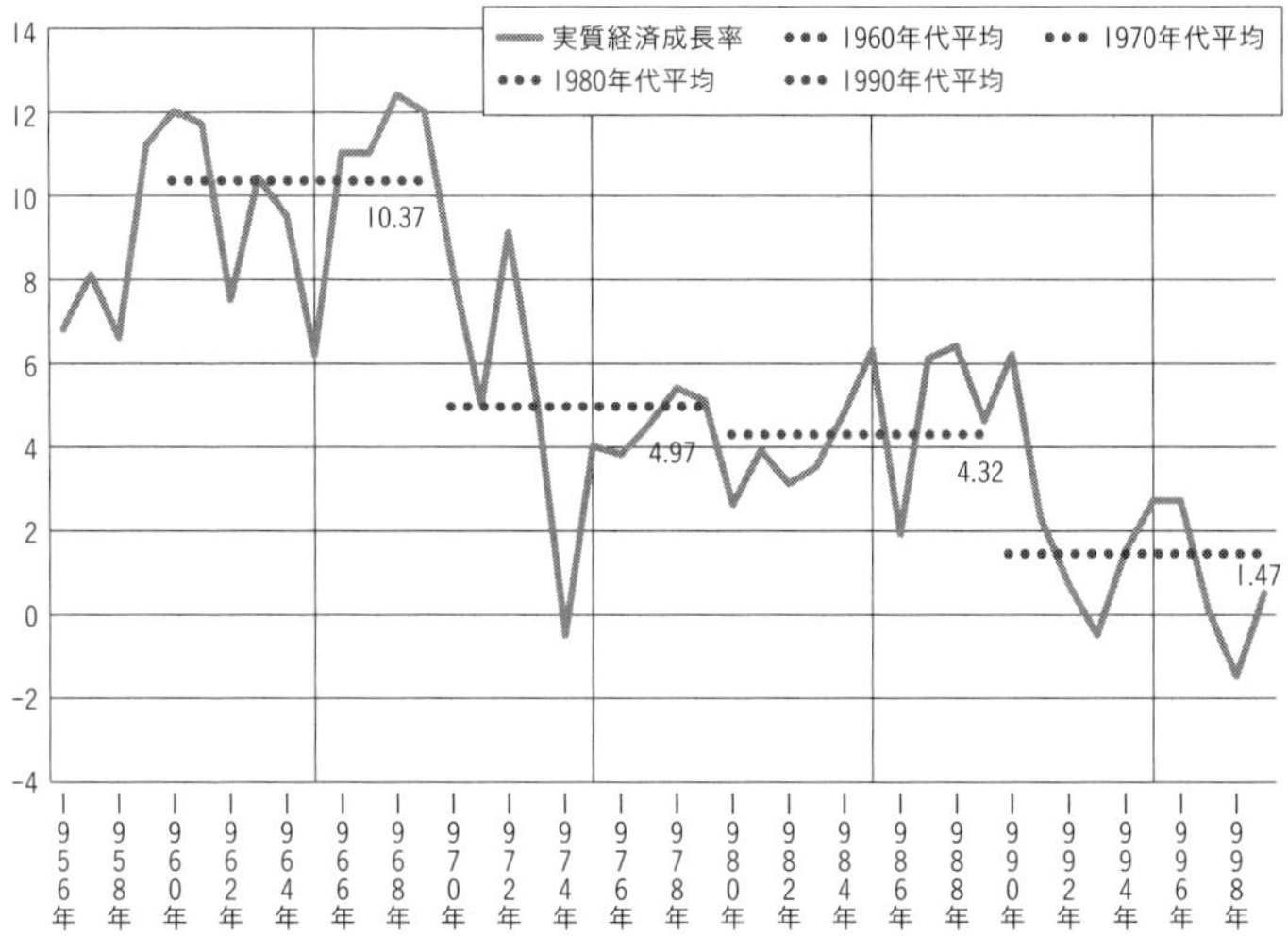

実質経済成長率の推移

出典:内閣府　https://www5.cao.go.jp/j-j/wp/wp-je12/h10_data01.html　※グラフは筆者が作成

プラザ合意は日本を狙い撃ちしたと言われていますが、アメリカの真の狙いは大蔵省のシャドー為替介入を止めさせることでした。日本はズルして陰で為替介入をしていただけに、これを全面的に受け入れて協調せざるを得ませんでした。

前ページのグラフをご覧いただければわかる通り、1ドル250円から120円台まで一気に円高が進みました。為替レートが一気に円高へと振れたことは、日本経済の大きな転換点となりました。この変化を経済成長の側面から見てみましょう。

1960年代の経済成長率は平均で10・37%でしたが、1970年代、1980年代の経済成長率は平均で4%台。高度経済成長期が終わると、その国の成長率は半減すると言われますが、日本も例外ではなかったのです。

銀行にとっては、1985年のプラザ合意の10年以上前から、すでに有望な貸出案件が豊富に存在する状況ではありませんでした。そこに輪をかけて、プラザ合意という強力な黒船が来襲してもなお、目覚めませんでした。大蔵省が相変わらず岩盤規制を手放さず、天下りと引き換えに護送船団方式で銀行を保護していたからです。

また、銀行の経営者も監督官庁の意向にすがるだけで、微温的な環境を自ら積極的に手放そうとはしませんでした。やはり銀行には、主体性などないのです。

質屋体質の銀行が土地を担保にバブルを煽る

プラザ合意後の急速な円高は、輸出産業を中心に大きなダメージを与えました。いわゆる「円高不況」の発生です。

大蔵省は円高不況を打破するため、金融緩和に乗り出しました。日銀に命じて、民間の銀行への貸出金利にあたる公定歩合（政策金利）を段階的に引き下げたのです。

それまで5％だった公定歩合を1985年末から段階的に引き下げ、1987年2月20日には当時の史上最低金利の2・5%まで引き下げました。

同年5月、政府は財政面でも景気を支えるため、緊急経済対策を発表します。金融と財政の両面からのサポートで、日本経済を円高不況から救おうと試みたわけです。

「プラザ合意」以後，急速に進んだ円高は1987年5月末の緊急経済対策によってようやく一息つくこととなった．2月の「ルーブル合意」とその後の日米首脳会談等による政策協調が一定の効果をあげたものと見ることができる．しかし，行天豊雄が指摘していたように「ルーブル合意」の政策協調は明文化されたものではなく，各国の思惑はそれぞれ異なっていた．そうした協調の揺れから1987年10月19日，NY市場での「ブラック・マンデー」の株価下落を経て，再び円高が進展，年末には1ドル＝120円強の水準にまで達したのである．しかし，内需の好調により，もはや円高は景気の大きなブレーキとはならなかった．「ブラック・マンデー」後の株価下落も一時的なものにとどまり，日本経済は1990年代初頭まで息の長い景気拡大過程を歩んだのである．

——［出典：「バブル／デフレ期の日本経済と経済政策」内閣府経済社会総合研究所］
http://www.esri.go.jp/jp/prj/sbubble/history/history_01/analysis_01_02_02.pdf

日銀の金融緩和と政府の財政拡張が功を奏して、プラザ合意の翌年（1986年）には1・9％まで落ち込んでいた日本の経済成長率が、1987年に6・1％、1988年に6・4％へと回復しました。

1960年代の経済成長率10％台までは届かないとしても、その半分ぐらいの水準なら実現できるぐらいの力を日本経済はまだ持っていたわけです。それなのに当時の新聞は、金融緩和と財政拡張の悪い面ばかりあげつらっています。

「利下げとカネ余りのジレンマ」と題された新聞の社説では，「ここまで来ると，低金利政策の強化は好ましいとばかりもいっておれない．わが国ではニクソン・ショックの1971年から1973年初めにかけ，円切り上げにからんで「過剰流動性」が生じ，それが物価狂乱の前奏曲となった．さいわい今回は物価が落ち着いているが，安心していてよいかどうか．なにしろ，実需不足・カネ余りの時代だ．生産投資よりは財テクで既発行の株式が買いあおられ，東証第1部平均株価は2万円がらみになっている．新規上場のNTT株などは200万円を超す過熱ぶりである．特に不健全なのが土地買いだ．東京都心のビジネス街や高級住宅地に始まった地価高騰は，周辺の地域や地方の主要都市に広がりつつある．これでは住宅建設や都市の再開発もままならない．金融当局が緩和政策を推し進めている限り，いくら銀行などに土地取引への融資自粛を求めてみても，さして効果はあるまい．金融政策は，深刻なジレンマに直面している」と述べられている．

――［出典：「バブル／デフレ期の日本経済と経済政策」内閣府経済社会総合研究所］
http://www.esri.go.jp/jp/prj/sbubble/history/history_01/analysis_01_02_02.pdf

金融緩和と財政拡張が日本経済全体に大きなメリットを与えているのに、マスコミはマイナス面ばかりを強調して国民の嫉妬心を煽りました。その責任の一端は、銀行にあります。日銀の公定歩合引き下げにともない、いわゆる「窓口指導」が強化されました。窓口指導とは、日銀が民間の銀行への資金割り当ての際、融資計画を提出させるなどして資金の流れをある程度コントロールするものです。

以前は際限のない貸し出しを防ぐために使われていた窓口指導ですが、１９８７年以降は逆に「ジャンジャンお金を貸しなさい」という方針に変わりました。

銀行の経営者は時代の変化に鈍感だったのでしょう、日銀に言われるがまま、これらの資金を受け入れました。高度経済成長期に日銀の低利資金でぼろ儲けした成功体験から抜け出せていなかったのかもしれません。

不動産への多額の融資で投機が加速

ところが、1973年に高度経済成長はとっくに終わっており、重厚長大産業には大きな資金需要はありません。そこで行き場を失った資金は、株式や不動産に向かいました。

再三指摘するように銀行のビジネスモデルは、物品を質にとって金銭を貸す質屋と基本的に同じです。融資額に見合った土地などの担保さえあれば、いくらでも貸します。銀行から不動産への多額の融資によって土地が自己実現的に値上がりすれば、それにともなって担保価値が上昇するため、銀行はさらにお金を貸すようになります。

インターネット番組『報道特注』のMCを務める豊洲市場仲卸業者の生田與克《よしかつ》さんも、当時たくさんお金を借りていた一人です。「御社の持つ資産の担保価値が上がったからもっと借りてくださいと銀行が言ってきた」と、当時のことを証言しています。

急速な不動産価格と株価の上昇は、短期的な価格変動の差益を狙って売買する「投機」を助長し、企業は本業そっちのけで財テクに乗り出す始末でした。また、一般の人たちも銀行預金の金利低下を嫌気して、ハイリスク・ハイリターンの金融商品を求めるようになったのです。

不動産価格と株価が急上昇した原因は、こうした資金流入だけではありません。当時は売買される土地や株の量が圧倒的に不足していました。

当時は高層建築の規制が厳しく、いまのように土地の高度利用ができませんでした。さらにREIT（国内不動産投資信託）のような土地売買の小口化、証券化のスキームが確立されていなかったことも、当時の需要に対する供給不足の背景にあります。

インターネットどころかパソコンや携帯電話も普及していなかった時代ですから、職場以外で働くテレワークや在宅勤務など、通勤をともなわない仕事のスタイルもありませんでした。そのため、オフィス不足に通勤圏の住宅不足が加わり、不動産の大変な売り手市場が形成されてしまったのです。

さらに、当時40歳前後だった戦争直後生まれのベビーブーマーたちは土地神話を信じており、そのうえ「マイホームを得てこそ一人前」という価値観が一般的でした。

不動産に対する旺盛な需要に対して、過少な供給。需給関係でみても、まさに不動産バブルが起こって当たり前の状況だったのです。

式市場も同じです。インターネットのなかった時代ですから、いまのようにネット証券ません。株取引は証券会社の窓口か電話で注文。日経平均の値動きすらリアルタイできず、翌日の新聞に掲載される一覧を見たり、「ラジオたんぱ」（現・ラジオ

株

は存在し

ムで知ることは

いたりして情報を得ていました。

式市場は閉鎖的でした。上場企業の多くはグループ会社間などで合いをしていたため、市場で売買される株はごく一部でした。そプレイヤーが参入すれば、自己実現的に株価が上昇して当たり前

ーバーキル

そんな中、資金の融資先に困った銀行は、不動産投資どころか株投資にまで融資を始めました。大阪千日前の尾上縫《おのうえぬい》という料亭経営者は「北浜の天才相場師」と呼ばれ、占いと神のお告げによって買った株はすべて上がると評判の〝カリスマ投資家〟でした。しかし、実際には株式市場全体の上昇相場にたまたま乗っただけの素人投資家だったのです。

ところが、そんな偽カリスマ投資家に、当時の銀行は巨額の融資をしました。その額はピーク時で、なんと総額１兆３４５０億円にも上りました。

その借り入れの手口は、完全に詐欺でした。尾上は、東洋信用金庫元支店長・前川朝美と

共謀して架空の預金証書を偽造し、それを担保に他の銀行やノンバンクから不正に融資を引き出したのです。

尾上に2300億円もの巨額融資をしていた日本興業銀行は、この件を尾上に打ち明けられたにもかかわらず、自行の融資回収を優先し、他行や警察には通報しませんでした。いまで言うと完全なコンプライアンス（法令遵守）違反です。

尾上は1991年に詐欺容疑で逮捕され、その後、裁判で有罪になっています。この巨額詐欺事件の余波で東洋信金は破綻し、三和銀行に救済合併されました。1991年8月時点での東洋信金の預金量は3659億円でしたが、これに対して偽造預金証書による架空預金の残高は3530億円にも上りました。

三和銀行が東洋信金を救済合併した裏には、尾上と共謀した前川元支店長が三和銀行からの出向者だったという事情があります。さらに当時、東洋信金には30人近くの三和銀行ＯＢが勤務しており、その中には代表権のある常務理事もいました。

このような「カネ、カネ、カネ！」という世相を批判したのが、124ページで引用した新聞の社説です。しかし、実体経済で見てみると、この頃の物価上昇率は3％程度とマイルドなインフレですし、為替レートも落ち着いており、企業の経営状態も良好でした。

実は、この当時のマクロ経済政策が間違っていたわけではありません。不動産と株式の供給不足で、市場の一部に歪みが生じていたこと、つまり市場の監督というミクロな問題だったのです。

しかし、バブル景気に狂奔《きょうほん》する企業や個人をマスコミがあまりにクローズアップしたため、それに嫌悪感を覚える人が増えました。給料の伸びを大幅に超えて上昇していく不動産価格は、特に批判の的となりました。

たびたび触れている通り、日本には土地神話がありましたから「サラリーマンが一生働いても、家一軒まともに買えない」という批判は大きな説得力を持っていたのです。

1988年には、長渕剛主演のこんなドラマも放映されています。

NHK『うさぎの休日』1988年12月3日　土曜20時〜21時30分

長渕演じる平山晋介は都心の狭い賃貸マンションに、妻と2人の子どもと暮らしていた。家族にマイホームをせがまれモデルルームを見に行くが、案内された物件はどれも高くて手が出ない。家一軒持てない現実を背景に、若い父親の怒りや悲しみを描いた単発ドラマ。サラリーマン家庭の哀切さを爽やかに描いた愛情物語。

［出典：長渕剛ＯＦＦＩＣＩＡＬ　ＷＥＢＳＩＴＥ］
http://www.nagabuchi.or.jp/acting/drama.php

当時、私は7月にアメリカ留学から帰国して留年中の高校3年生でしたが、このドラマをリアルタイムで見た記憶があります。長渕剛さんの妻役の伊藤蘭さんが「こんな大きな家に住んでいる人は、きっと悪いことをしているに違いない」といった趣旨のセリフを言っていたのが、印象に残っています。

いま思えば、その悪い人たちを助けていたのが銀行だったのです。とはいえ、昔から箸の上げ下ろしまで大蔵省と日銀に指導されてきた銀行が、「不動産向けに貸しつけろ」という日銀の窓口指導に逆らうことなどできなかったでしょう。

この頃は不動産と株の市場が歪んでいるというだけで、それ以外の実体経済は極めて良好でした。本来なら、この2つの歪みだけをチューニングして、全体的な政策は継続すべきだったのです。

大蔵省は不動産の異常な価格高騰を抑制するため、不動産向けの銀行融資を規制する方向で検討していました。ところが日銀は、大蔵省の子会社のようなものであるにもかかわらず、大蔵省に隠れて独自の土地価格の抑制策を準備していました。それが、急激な金融引き締めだったのです。しかし、これはチューニングの域を超えていました。

日銀は、昔から二流のイマイチな官庁（正確には政府の子会社）だと私は思っています。元大蔵官僚の証言によれば、「政府の子会社のくせに、自分たちのほうが政府より偉いとマウン

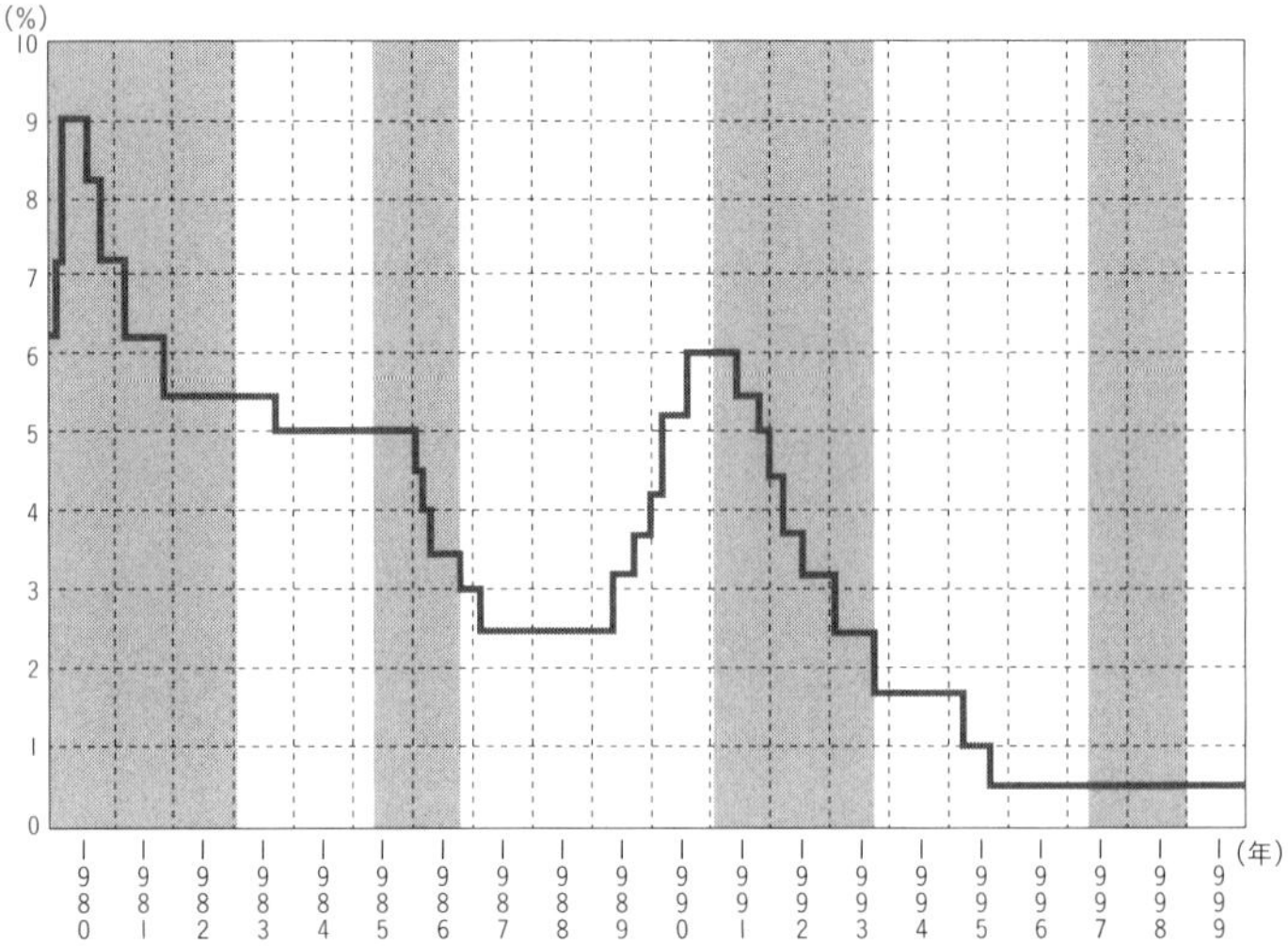

日本の公定歩合の推移
出典：日本銀行

ティングしたがるセコい奴が多い」そうです。大蔵省がピンポイントで不動産価格を狙って問題解決を図ろうとしたのとは対照的に、日銀は不動産以外にも激しい影響が出る過剰かつ過大なやり方を採りました。

１９８９年５月から突如として始まった公定歩合の引き上げによる金融引き締めは、その後、約２年間にもおよびました。これが日本経済をオーバーキル（過度な金融引き締めによる景気後退）してしまったのです。結果として日銀は完全に舵取りを間違えました。

日銀はいまだにこの失策を公式には認めていません。自分の行動を客観的に顧みて、反省できないのでしょうか。そんな小役人が組織を牛耳り、銀行業界を仕切っているのです。本当に恐ろしくなりますし、日本経済の前途に暗たんたるものを感じるのは、私だけではないでしょう。

トドメを刺された日本経済

日銀の金融引き締めをもってバブル景気は終焉しました。そして、実体経済に悪影響が出ることは、ほぼ間違いない状況になりました。

ところが大蔵省は1990年3月、この事態を横目で見つつ、日銀は関係ないとばかりに不動産価格の抑制を狙って、不動産向け融資に対する総量規制を始めました。ただでさえ日銀のオーバーキルによって弱っていた日本経済は、ここでトドメを刺されたのです。

大蔵省と日銀によるチグハグな政策のせいで、バブル以外の実体経済の部分まで犠牲にして、日本経済は大崩壊しました。

そのおかげで不動産価格の高騰は1991年に収まりましたが、得たものに比べて失ったものが多すぎたのです。機動戦士ガンダムでたとえるなら、モビルスーツ「ザク」一機を倒すために、ソーラーシステムを使ったぐらいの過剰な対策でした。

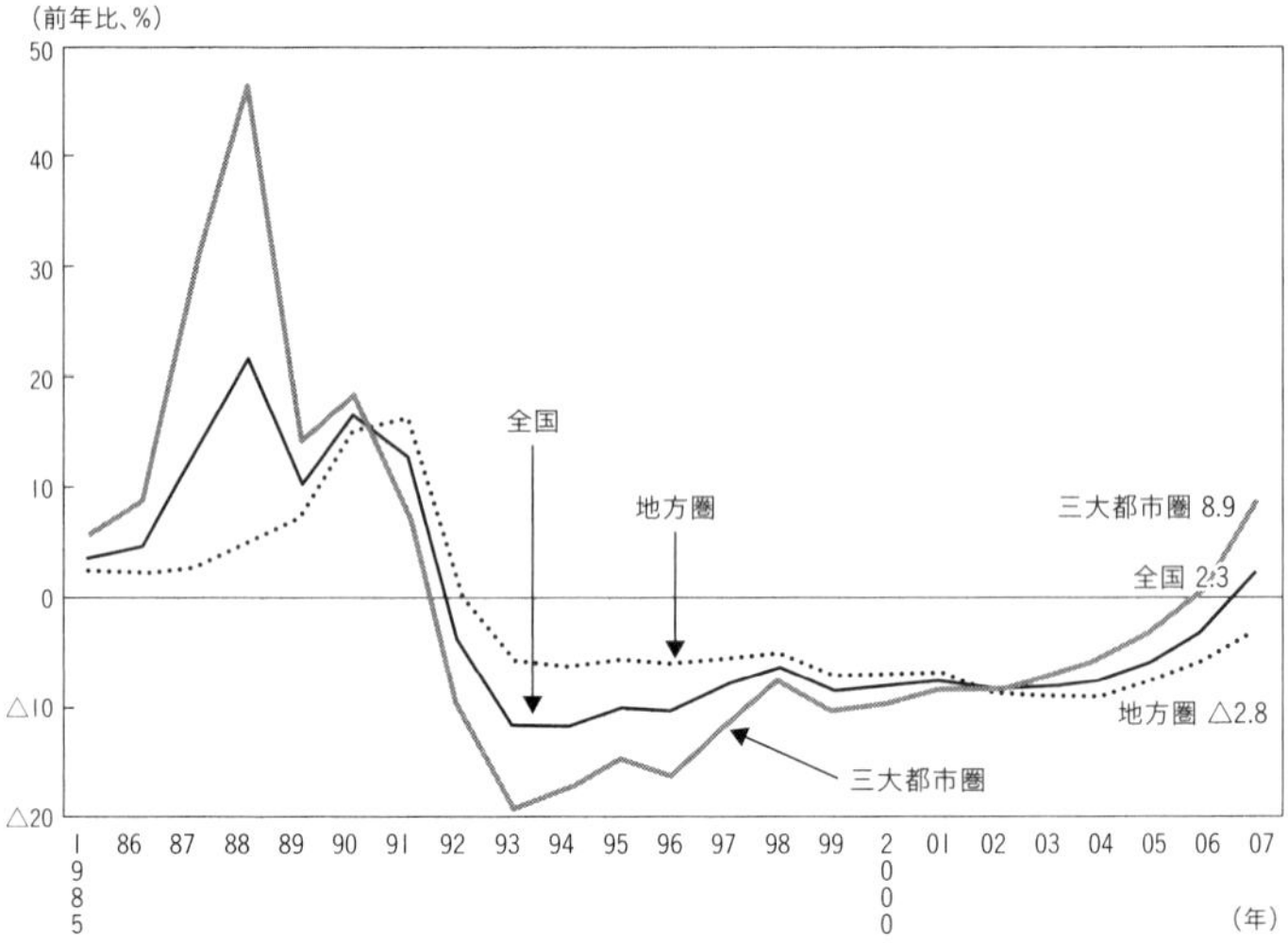

商業地地価の推移
出典：内閣府　https://www5.cao.go.jp/j-j/cr/cr07/chr07_1-2-8.html

すでに株価は1989年末のピークから1万円以上暴落していました。前述した尾上縫のマネーゲームは、その過程で破綻して巨額詐欺事件に発展したものです。

そこに、時間差攻撃的に不動産価格の下落が追い討ちをかけます。そもそも日銀が金融引き締めに転じた時点で、銀行目線での「有望な貸出案件」であった不動産投資は立ち行かないはずでした。

当時、REIT（不動産投資信託）などの証券化スキームがなかった日本において、不動産投資には巨額資金が必要であり、銀行融資による資金調達が欠かせませんでした。しかし、融資金利が上がれば、それだけ資金調達のリスクは上がりますから、不動産向け融資は確実に減ることになったは

日経平均の推移
出典:日経平均株価AI予想　https://nikkeiyosoku.com/chart/

ずです。

ところが、銀行は土地を担保にお金を貸していたため、担保価値が下がることを恐れました。そのため、不動産バブルが永遠に続くはずもないのに、日銀が金融引き締めに転換したあとも、不動産向け融資を続けることで担保価値を下支えしたのです。

1989年の日銀による金融引き締めから約2年間は、この〝ミルク補給〟が続いたと言われます。その証拠に、株バブルのピークから2年経った後、不動産バブルはピークを迎えています。

これとは対照的に2008年秋のリーマン・ショックの際、アメリカの不動産バブルは半年で弾けました。アメリカでは住宅ローンが証券化され、市場で売買されており、市場がリスクを負っています。そのため、日本の銀行のように担保価値を下支えするために〝ミルク補給〟する必要がありません。このように銀行の延命措置がなければ、せいぜいタイムラグは半年程度ということです。

ちなみに中国の株価のピークは、2005年と2007年と2015年の3回ありましたが、不動産価格はその後もずっと右肩上がりです。これは日本やアメリカのような自由主義経済の国では考えられない現象です。

中国政府は不動産取引の停止、統計の偽装・隠蔽など、あらゆる手段を使って右肩上がりの市場を演出していると言われていますし、私もそうみています。それはいずれ立ち行かなくなるでしょうし、本格的な不動産価格の下落が起こったら、そのインパクトは日米で過去に起こったものとは比べ物にならないほど大きなものになるでしょう。

さてバブル崩壊後、日本の銀行による不動産価格の延命策も2年で終わり、不動産価格は大幅に下落し始めました。さすがに日銀もマズイと思ったのか、1991年からは段階的に公定歩合を引き下げる金融緩和に転換しています。

しかし、この金融緩和には大きな問題がありました。金利引き下げのスピードが遅く、市場がなかなか反応しなかったのです。

大蔵省と日銀との意思疎通のなさは絶望的でしたが、この2つの役所によるコラボが奇跡的に効力を発揮したこともありました。

1995年1月17日に阪神・淡路大震災が起こったことをきっかけに、大蔵省は10兆円規模の大型補正予算で財政を拡張しました。一方、日銀は公定歩合を1993年の史上最低金利を下回る1％にまで下げ、同年さらに0・5％まで引き下げて金融緩和をしました。

こうした偶然のコラボにより、財政拡張と金融緩和が合わさって、1996年にはあらゆる景気指標が上向きました。もしそのままこの政策を5年続けていたら、バブル崩壊の痛手は短期間に終わったことでしょう。

ところが、1997年4月、橋本龍太郎首相が消費税率を3％から5％に引き上げる増税を決定します。財政再建のためという大義名分でしたが、私に言わせれば、それは増税することで権限を肥大化させたい大蔵省に騙されただけのことです。

せっかく景気が上向きかけたのに、この増税ですべては台無しとなりました。実際、1998年から日本経済は物価が継続的に下落するデフレという暗く長いトンネルに入り込みました。

景気回復の最後のチャンスをみすみす逃した大蔵省と日銀ですが、この件についても反省はしていません。真偽は不明なのですが、橋本首相はのちに「財務官僚に騙された」という言葉を残したとも言われます。事実だとしたら、単なる責任転嫁以外の何物でもありません。

第5章

銀行と裏社会

ゆとりローン（ステップローン）の大罪

バブル崩壊後、日本経済が大変な状況になったにもかかわらず、銀行は能天気なものでした。私が社会人になって、調子に乗ってマイホームを買ったのは1998年のことです。「住宅ローン金利が安いので、いま買わないと損です」という不動産業者の口車に乗せられ、「土地の価格は上がることはあっても下がらない」という土地神話に何の疑義も挟まずに約4000万円の住宅ローンを組んでマイホームを買ってしまったのです。

住宅ローンの金利が安いと私を煽ったのは不動産業者ですが、定期的な収入があれば、マイホームを担保にバンバン融資をしていたのは銀行です。

この頃大流行して、後に大問題となる「ゆとりローン」（ステップローン）も盛んに行われていました。

政府が罪深いのはバブル崩壊直後の92年に景気対策として「ゆとりローン（ステップローン）」を導入したことだ。これは最初は金利を安くして月々の返済額を抑え、（景気が回復して、給料や地価が上がっているであろう）6年後とか11年後から金利が上がって返済額が大幅に増えるローンで、「家賃並みの返済額で家が買える」と利用者を募り、住宅購入を煽ったのだ。

しかし、日本はそのまま「失われた20年」、世界に例のない大デフレ時代に突入、給料も不動産価格も上がらずに、逆にリストラや企業倒産が相次いで収入を維持することすら難しくなった。（中略）

バブルのピークから90年代前半にかけて「通勤時間1時間20分、郊外一戸建て6000万円」のような、今聞けばとんでもない値段の物件が出回って、それに「ゆとりローン」を組んで手を出した人が結構いた。その後96年にバブルが完全に崩壊して住宅の売り買いが止まり、再び動き出したのが00年以降。05年くらいから通勤時間40分ぐらいの都心近郊で4000万円台のマンションが相当出回るようになった。しかも目先のゆとりで釣る姑息なローンではなく、長期固定金利ローンの「フラット35」。返済期間は最長35年で、金利（一時は1％を切った）は一律である。

——［出典：今は持ち家より賃貸が賢明　大前研一　プレジデントオンライン］

https://president.jp/articles/-/24668

銀行は「ゆとりローンは政府の政策でしたから」と言い逃れするのでしょうか？

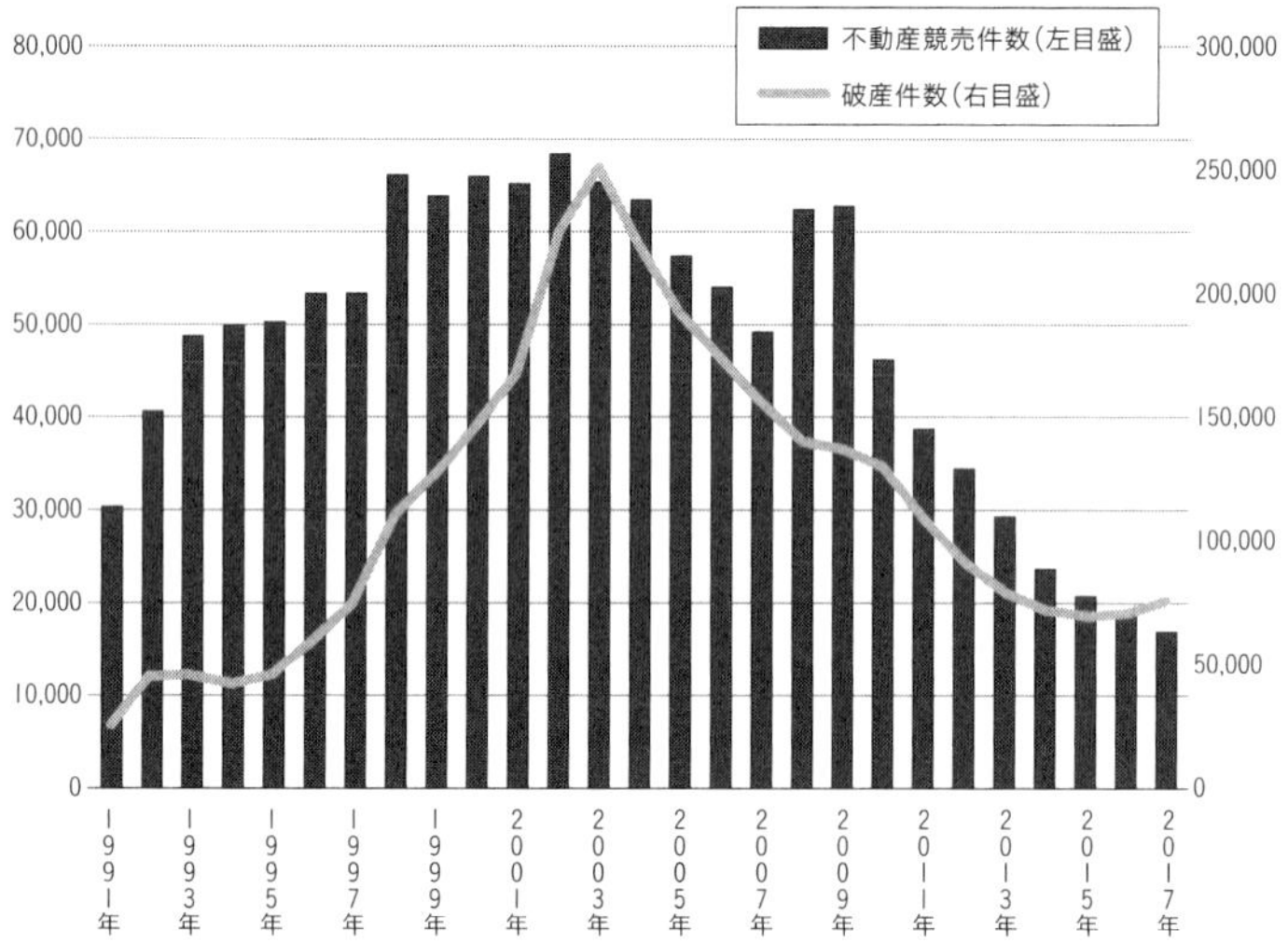

全国地方裁判所における不動産競売件数と破産件数の推移
出典：裁判所　司法統計「事件の種類と新受」　http://www.courts.go.jp/app/sihotokei_jp/search_detail

誰がどう見ても、バブル崩壊後の住宅市場を支えるために、政府と銀行が結託して住宅向け融資だけ〝ミルク補給〟を続けたようにしか見えません。

この制度に乗った銀行は、住宅ローンというオイシイ金融商品を販売して利益を上げていました。

銀行にとって住宅ローンがノーリスクに近い金融商品であることは、56〜57ページで説明した通りです。

幸いなことに、私自身はゆとりローンを組んだわけではなく、また頻繁に繰り上げ返済をしていたので難を逃れました。それでも当時の金銭的、精神的ダメージは筆舌に尽くしがたいものがありました。一歩間違えれば、本当に住宅ローン破産していたかもしれません。

バブル崩壊以降の住宅ローン破産に関する統計を紹介しておきましょう。

前ページのグラフは全国の地方裁判所が、その年に新たに受審した不動産競売および破産の件数をグラフ化したものです。

ゆとりローンがスタートしたのは1991年ですが、初年度に借り入れた人の返済額が一気に上がる5年後（1996年頃）から破産件数が右肩上がりになっています。

日本弁護士連絡会・消費者問題対策委員会が実施した「2002年破産事件及び個人再生事件記録調査」によれば、破産件数全体に占める住宅ローン破綻の割合は、1997年は5％でしたが、2000年には7％、2002年には9％と、右肩上がりで増加しています。これを件数で見ると、次のようになります。

1997年　3802件
2000年　1万2110件
2002年　2万2202件

まさにゆとりローンが住宅ローン破産を量産したのです。

当時の不動産業者や銀行は、「いずれ景気が回復して、不動産価格はもとに戻るだろう」という極めて甘い見通しを立てていました。しかも、年功序列や定期昇給によって、借り手の返済能力が低下することもないと思い込んでいたのです。

いまから思えばそれらは甘すぎる見通しなのですが、バブルの余韻をまだ引きずっていた当時は、こうした甘い見通しのほうが多数派でした。

だからこそ不動産業者は、「住宅ローン金利が安いうちにマイホームを購入したほうが得」とか「ゆとりローンを組んでも給料は上がっていくから大丈夫」などといい加減なことを誘い文句に、新規取得者を煽っていたのです。

少なくとも私は、そう煽られてマイホームを購入しましたから、これは私にとっては動かしがたい事実です。

もちろん、銀行は「不動産業者が煽っただけだから関係がない」と言い逃れできるでしょう。しかし、「住宅は人生の最大の買い物」とも言われるほど高額な資金が必要となるため、住宅販売は銀行との結託なくしてあり得ません。

銀行は定期的な収入と担保があれば、住宅ローンを組ませます。不動産業者は、そんな銀行の性質を知り抜いたうえで、新規案件を紹介しまくっていたわけです。

ところが2002年には、およそ21万人が自己破産に追い込まれています。私がマイホー

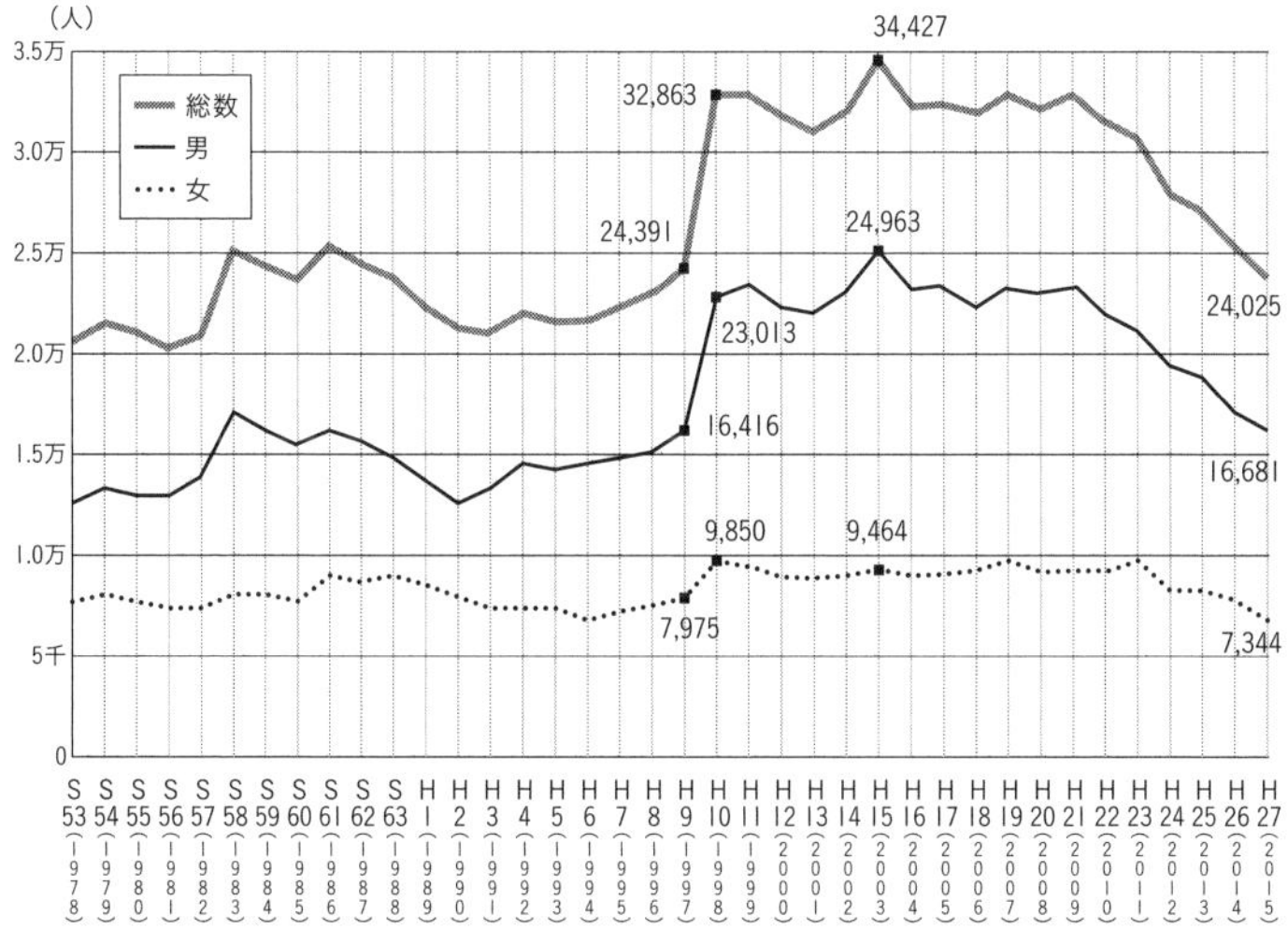

自殺者数の推移（自殺統計）
資料：警察庁「自殺統計」より厚生労働省自殺対策推進室作成　https://www.mhlw.go.jp/wp/hakusyo/jisatsu/16/dl/1-01.pdf

ムを売却したのは、まさにその2002年でした。運よく残債がなかったので助かりましたが、土地神話を信じ込んでいた私のような庶民にとって、マイホームを失うことはこの世の終わり、まさに絶望でした。

マイホームを手放すということは、多くの場合、給料が減ったり会社を辞めたりしている状態です。マイホームを失うだけでなく、職も失い、結果として家族を失った人たちは前途に絶望したことでしょう。

日本の自殺者数は1998年以降大幅に増加します。年数をカウントしてみると、それはちょうどゆとりローンが始まってから7年後、初年度にゆとりローンを組んだ人のゆとり返済期間が終わってから2年後のことです。

なぜ粉飾決算したのか？

個人向け住宅ローンがこれだけ派手に破たんしていたわけですから、法人向け不動産融資の貸し倒れも似たような状況にありました。もちろん、貸し倒れが増えれば銀行の収益は悪化します。一部の銀行ではバブル崩壊によって、貸し出しの際に設定した不動産担保の価値が急落し、回復不能なほど大打撃を受けました。

例えば、かつて私が勤めていた日本長期信用銀行（長銀）は、世界中のリゾートを買い漁った不動産開発会社であるイ・アイ・イ・インターナショナルへの巨額融資が焦げつきました。これが原因で1998年10月に経営破綻し、一時国有化を経て、普通銀行である新生銀行となったのです。

同じ長期信用銀行の日本債券信用銀行（日債銀）も似たような理由から、1998年2月に経営破綻し、一時国有化を経て、普通銀行のあおぞら銀行となっています。

最悪なことに、この2つの銀行は経営破綻する前、粉飾決算に手を染めて、何とか延命を図ろうとしていました。

結局は経営破綻したわけですが、そもそもなぜ粉飾決算で延命を図れると思ったのでしょうか？ この頃、長銀、日債銀に限らず、ほぼすべての銀行が「いずれ景気は回復して、不動産価格はもとに戻るだろう」と、景気の先行きに甘い見通しを立てていたのです。

だから、粉飾決算で一時的にやりすごせば、いずれまた景気が回復して、すべての問題が解消できると思ったのでしょう。こうした成り行き任せで無責任な考え方は一種の「平和ボケ」とも言えます。そうやって、どの銀行も不良債権の山を築きました。もとはと言えば、バブル景気によって一時的に急騰した不動産価格をベースとする担保評価が問題だったのです。

前出の豊洲市場で仲卸会社を経営する生田氏は当時を振り返り、「銀行がこれだけの担保価値があると査定したからお金を借りたのに、後からやっぱりそんなに価値はありませんでしたと言ってきた。立派な大学を出た頭のいい人が査定したのに、後からそんなこと言われても困るよ」と述べています。バブル崩壊後、おそらく多くの中小企業の経営者が、同じ感想を抱いたことでしょう。

次ページのグラフはバブル崩壊後の倒産件数、負債総額および銀行貸付金残高の推移です。よく見比べてみてください。

2つのグラフを総合すると、銀行の貸付金残高が1996年をピークに急減するのに少し遅れて、倒産時の負債総額がピークを迎えていることが確認できます。

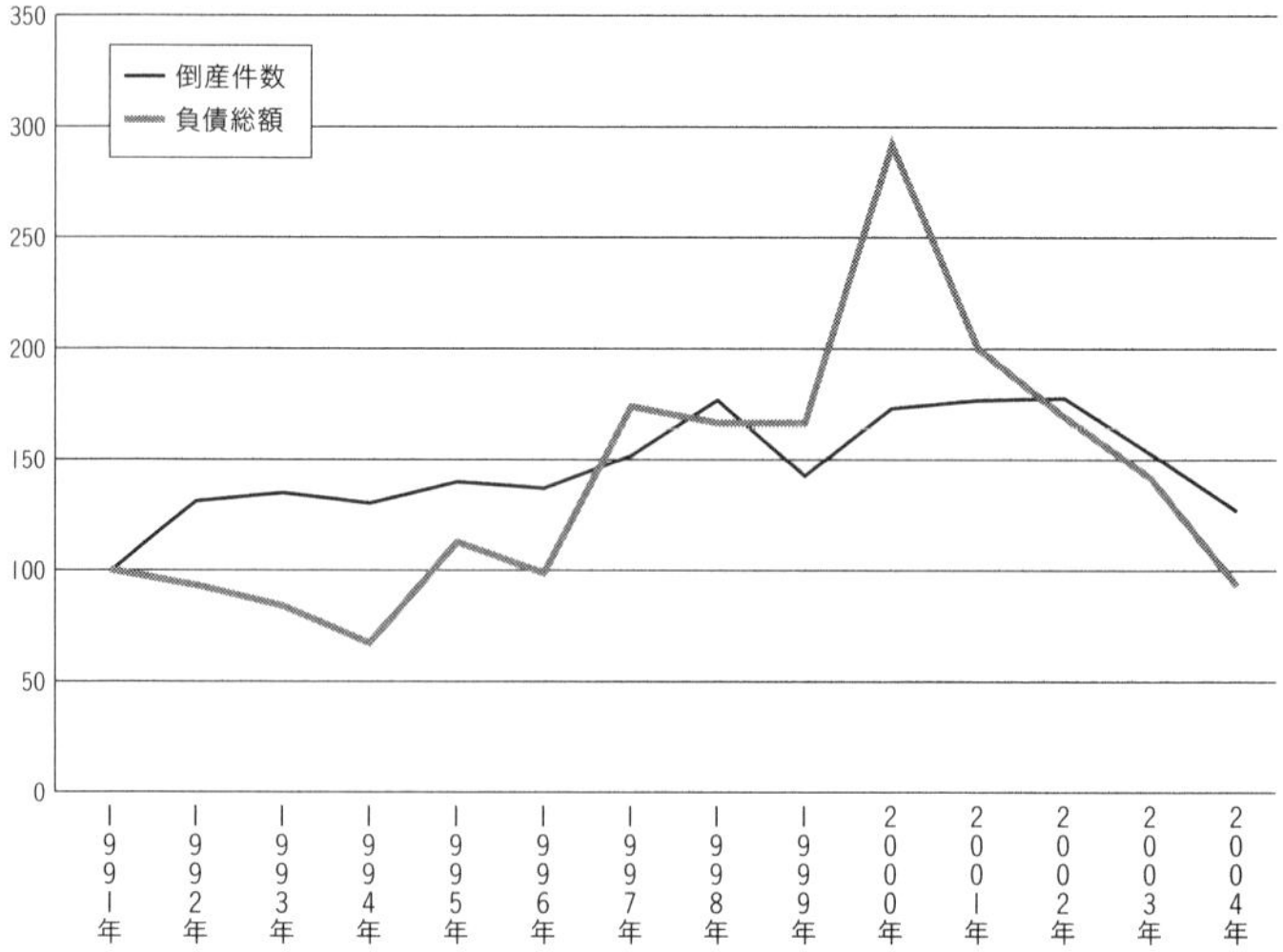

バブル崩壊後の倒産件数と負債総額（1991年＝100）
データ出所：東京商工リサーチ　http://www.tsr-net.co.jp/news/status/transition/　※筆者による指数化、グラフ化

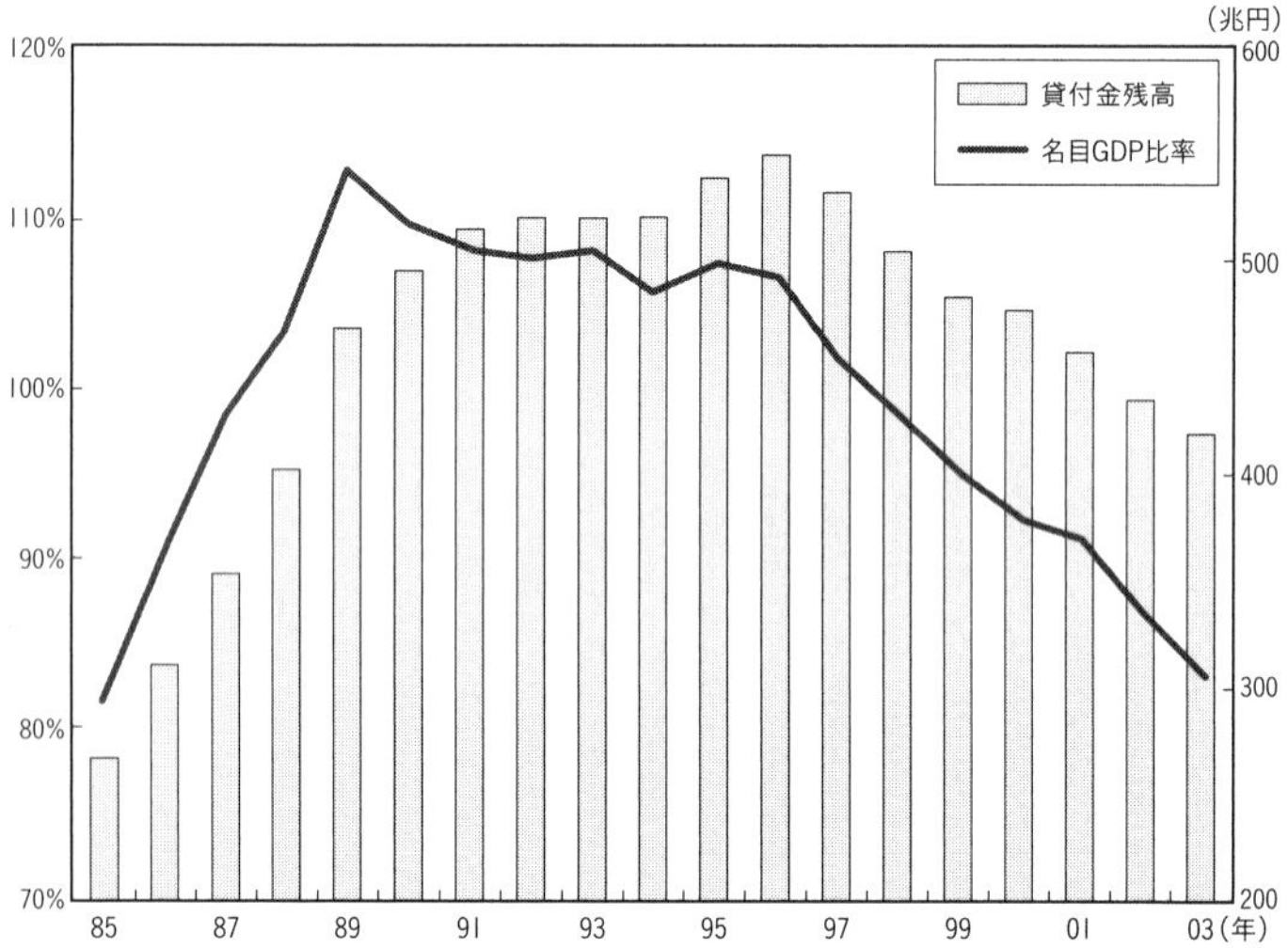

銀行貸付金残高の推移
出典：『小泉政権の経済改革に見る不良債権処理の特徴と問題点（桃山学院大学総合研究所紀要 第30巻第3号）』中野瑞彦　https://ci.nii.ac.jp/els/contentscinii_20171110001156.pdf?id=ART0001300138

「銀行が過剰に貸しつけて、ある日突然、潮が引くように貸しはがしをしたら倒産の山ができた」というわけです。

強引な融資回収によって企業が倒産すると、その影響は他の企業にもおよびます。なぜなら、倒産した企業に債権を持っている取引先は売上金を回収できなくなり、経営が悪化してしまうからです。

農協をカモにした銀行

倒産した取引先から売上金が回収不能となり、それにより経営が悪化して銀行への借金返済が滞ると、銀行から不良債権として認定されてしまいます。こうなると、銀行は手のひらを返して「借金を返してください」と迫ってきます。新たな倒産の発生、まさにこれが「連鎖倒産」というやつです。

こうした連鎖倒産が広がると、回り回って銀行もピンチに陥ります。なぜなら、倒産した企業に融資したお金を回収できず、損失を出してしまうからです。

銀行が損失を出しまくって経営が悪化すると、預金者は銀行の経営状態に不安を覚えるようになり、最終的には一斉に預金の引き出しが始まります。これが「取りつけ騒ぎ」というやつです。こうなると最悪の事態が起こります。

取りつけ騒ぎが起こると銀行は確実に倒産し、預金者の財産が吹っ飛んでしまいます。銀行が経営破綻すると、口座を持つ人や企業は、売上代金や給料などの振り込みや引き出しができなくなります。取引先との支払い関係も滞りますから、これではまともに営業できません。下手をすると、そうした企業が潰れてしまう可能性だってあります。連鎖倒産は、最初の段階よりも桁違いに増加するでしょう。

実際、前述した1991年の尾上縫の巨額詐欺事件では、東洋信金と木津信金で取りつけ騒ぎが起きました。不安になった人たちが支店に殺到し、行員が殴られたり、暴言を吐かれたりと大変な目に遭ったのです。

最終的に預金者は保護されて事なきを得ましたが、やはり最後は大蔵省や日銀の力を借りつつ、より大きな銀行によって救済合併するなどの処理が必要となりました。これがもっと大きなサイズの銀行で起こったら大変なことです。

ところが1995年には住宅金融専門会社（住専）問題が発生し、桁違いの処理が必要となる事態に陥りました。当時8社あった住専は、銀行の審査に落ちた人を対象に日本版のサブプライムローン（信用力の低い個人向け住宅融資）を提供していました。

不動産価格が下落すれば、確実に破たんするモデルだったことは言うまでもありません。1995年には住専8社中7社の経営が行き詰まり、総融資残高11兆4000億円のうち74％の8兆4000億円が回収不能の不良債権となっていました。

実は、これら住専に多額の資金を融資していたのは、農協（農業協同組合＝JA）でした。何と銀行は農協を騙して、リスクの高い住宅ローンを押しつけていたのです。

住専7社の債務総額12兆6241億円のうち、農協資金（農林中金、信連、共済連）の合計は5兆5997億円で全体の44％を占めていた。残りは銀行と保険会社であるが、銀行融資のほとんどは住専を設立した「母体行」のものだった。この母体行が口をそろえて「農協の責任」を語り、マスコミがそれに乗って農協批判に追い打ちをかけた。住専の母体行は三和、さくら、興銀、長銀などの大銀行であり、テレビにはこれらの銀行のお抱え評論家が顔をそろえて「農協責任」論をぶっていたのが記憶に生なましい。しかし多数の行員を住専に送り込み、実質的に住専を支配していたのは母体行だった。個人向け住宅ローンを扱えなかった大銀行が、住専を設立して迂回《うかい》融資をもくろんだのである。

その責任をどう農協にかぶせたのか。金融自由化で都銀も個人向け融資ができるようになると、母体行は住専の融資先のうち安定的な顧客には銀行ローンへの借り換えを薦め、不動産業者や開発業者などリスクの高い債権を住専に押し付けた。そしてバブル崩壊が決定的になると住専への融資そのものを引き上げ、その肩代わりとして農協に目をつけたのだ。（中略）

しかし、住専の危うさを系統農協や主務官庁の農水省が知らなかったはずはない。そこには大蔵省の巧妙な誘導策があった。

バブル経済の終末期に大蔵省は銀行に対して建設業、不動産業、住専を含むノンバンクへの貸し付けを制限する通達を出しているが、信連や共済連には出していない。また農協系金融機関から住専への貸し付けに際しては、銀行局長が母体行に「農協に迷惑をかけない」という念書を出させたが、印鑑はゴム印でよいとされた。

こうした詐欺まがいの手を使ってまで大蔵省が農協の肩代わりを誘導したのはなぜか。実は住専各社の社長には大蔵省出身者がずらりと名を並べていた。

――［出典：住専問題とは何だったのか　農業協同組合新聞］

https://www.jacom.or.jp/noukyo/rensai/2014/06/140620-24618.php

何というデタラメでしょうか！　大蔵省まで結託して、銀行は農協をカモにしていたというのです。結果的にバブル崩壊による住宅価格下落のリスクをすべて農協に押しつけたわけです。

1996年、農林系金融機関を母体とする1社を除く住専7社が経営破綻して清算されました。それにともなう損失約6兆5000億円の穴埋めに6800億円の公的資金が投入されました。旧住専の貸出債権4兆7000億円は、住宅金融債権管理機構（現・整理回収機構）に移されました。

しかし、その後も不動産価格の下落が続いたため、2011年の段階で1兆3900億円もの二次損失が生じました。農協に大損させてからの公的資金注入、このこと自体が詐欺ですが、二次損失まで計上していたとは、恐るべき無責任経営と言わざるを得ません。

このように、銀行の甘い見通しは裏切られ続け、金融業界にとって激動の年となった1997年を迎えます。

この年の11月、準大手の三洋証券、都市銀行の北海道拓殖銀行、四大証券会社の山一證券が、ほぼ週替わりで連続破綻。翌1998年の10月には私が勤めていた長銀、12月には日債銀と、長期信用銀行が連続破綻しました。

まさにこの頃、不良債権問題がピークを迎えたのです。

ヤクザと総会屋と銀行

　こうした大規模な金融機関が破綻したら、公的資金の注入は避けて通れません。しかし、国民の間には金融行政および銀行そのものに対する根強い不信感がありました。そのため、不良債権問題はこじれにこじれ、この問題の決着は最終的に2003年まで引っ張られます。なぜなら、当時の国民世論は、おおむね次のようなものだったからです。

　公的資金投入については，2002年10月1日－10月3日に行われたFNN世論調査で，「あなたは，公的資金を投入して金融機関の不良債権処理を進めることに賛成ですか．反対ですか」という質問に対して，32・7％が賛成，52・1％が反対と相変わらず反対の方が多い．2003年6月にりそなへの公的資金投入を受けて行われた日本テレビ世論調査では，「政府は，経営が悪化した『りそな銀行』に，およそ2兆円の公的資金の注入を決めました．あなたは，この公的資金の注入を，支持しますか，支持しませんか？」という質問がなされ，21・1％が賛成，59・9％が反対となっている．

――［出典：「バブル／デフレ期の日本経済と経済政策」内閣府経済社会総合研究所］

http://www.esri.go.jp/jp/others/kanko_sbubble/analysis_04_07.pdf

なぜ銀行は、これほど嫌われたのでしょうか？

住宅ローンのデタラメ、住専問題のデタラメ、農協に対する詐欺、大蔵省の堕落……これだけでもうお腹いっぱいになりますが、それに輪をかけた犯罪が行われていたのです。

それは総会屋やヤクザに対する不正融資や利益供与です。しかも、その手の不祥事が発覚しそうになると、銀行は大蔵省の検査官を買収して「もみ消し」を図りました。その悪事は最終的に１９９８年の大蔵省の接待スキャンダルとして全部バレました。

なぜ、こんな連中を税金で救済するのか？

国民世論が公的資金による銀行救済に対して極めてネガティブな意見を持っていた理由は、まさにこれです。当時、すでに社会人だった私も同様の感情を抱いていました。

銀行による反社会勢力への利益供与、大蔵省接待スキャンダルの記憶も新しい当時の国民にしてみれば、銀行は「最悪のクソ野郎集団」だったのです。

例えば、１９９７年に発覚した総会屋に対する第一勧業銀行（現・みずほ銀行）の利益供与事件は、国民感情を逆なでする最悪の事件の一つとなりました。

第一勧銀は当時の奥田正司頭取が大物総会屋の小池隆一氏に対して、株や不動産の購入代金として約１１７億円もの迂回融資（不正なまた貸し）をしました（これは住専問題でも使われたスキームで、この後たびたび登場するので覚えておいてください）。

この案件は十分な担保を取らない不正融資だったので、バブル崩壊でトンデモない担保割れを起こして不良債権化しました。ところが第一勧銀は、大蔵省の金融検査でこの件が発覚することを恐れ、検査官を接待漬けにして手心を加えてもらったことが、のちに発覚します。そして、この事件が発端となり、先ほど触れた１９９８年の大蔵省の接待汚職スキャンダルへと発展し、大蔵省を解体する事態となったのです。

この事件は「ＭＯＦ《モフ》担」と呼ばれる大蔵省（Ministry Of Finance）担当の銀行員が、大蔵官僚の接待に新宿歌舞伎町にある「ノーパンしゃぶしゃぶ店」を利用していたことから「ノーパンしゃぶしゃぶ事件」としても知られています。

若い世代の読者は知らないと思うので余談ながら説明しておくと、ノーパンしゃぶしゃぶ店とは、ミニスカートの下がノーパンの女性店員たちが接客するハレンチなしゃぶしゃぶ料理店のことです。そういうところで銀行員が大蔵官僚を夜な夜な接待していたわけです。

いまは企業のコンプライアンスがうるさい時代になっていますが、１９９０年代はおおむね昭和の名残を引きずるコンプライアンス不在の時代でした。当時、銀行は総会屋とのゴルフ、お歳暮やお中元のやり取り、会誌の購入、危ない案件への融資などやりたい放題だったのです。実際、第一勧銀の利益供与事件の裁判で、検察は次のように述べています。

第一勧業銀行の利益供与事件公判の検察側冒頭陳述の要旨は次の通り。

（敬称略，肩書は当時）

〔第一勧業銀行におけるいわゆる総会屋との対応等〕

第一勧業銀行ではいわゆる与党総会屋に対しては，ゴルフや飲食等の接待，中元・歳暮等の贈答を行うほか，株主総会で議長を務める会長ないし頭取や総務部幹部が会食を行うなどして，手厚く接遇していた。第一勧業銀行総務部では，同行の歴代最高幹部と親交を有する元出版社社長木島力也（故人）が，同郷の小池隆一を「隆ちゃん」と呼び，日頃から，同人を引き立てていたことから，小池を木島のまな弟子と認識していた。

木島は昭和46年の合併以前から第一銀行の井上薫会長や日本勧業銀行の横田郁頭取と親密で，宮崎邦次頭取の時から第一勧銀の幹部らが木島を囲んで年2，3回マージャン大会を開くようになった。

――〔出典：深淵・第一勧銀頭取達の犯罪　橋本光憲（神奈川大学、1999年）〕

https://kanagawa-u.repo.nii.ac.jp/?action=pages_view_main&active_action=repository_view_main_item_detail&item_id=1628&item_no=1&page_id=13&block_id=21

「与党総会屋」とは企業側が有利になるよう株主総会を仕切る人たちで、逆の「野党総会屋」とは企業の弱みを見つけてイチャモンをつけ株主総会を混乱させる人たちです。

与党総会屋は株主総会を無事に乗り切らせることで企業から「お礼」をもらい、野党総会屋は株主総会でクレームを出して暴れた後、それを引っ込めてやることで「お礼」をもらうという、いまのコンプライアンスなら完全にアウトな商売です。

ちなみに総会屋とヤクザは、基本的に別物です。生い立ちが違います。

ヤクザは江戸時代からあり、的屋《てきや》、博徒《ばくと》、金貸し、遊郭《ゆうかく》経営など、さまざまな形態で発展してきました。総会屋のほうは、近代の株式会社制度の成り立ちと軌を一にして生まれたものであり、明治以降のものです。

与党総会屋は力ずくで株主総会の秩序を守る必要があると思えばヤクザを動員しましたし、野党総会屋も株主総会を混乱させるためにヤクザと結託することはありました。しかし、こうした協力関係は、あくまで分業の結果であり、もともとは別物なのです。

とはいえ、時代が下るにつれて総会屋とヤクザの間に交流も出てきたりして、一緒くたにされることも増えました。

3000億円が闇社会に消えた？

第一勧銀と大物総会屋の小池隆一氏との関係は、問題が発覚した9年前の1988年3月から始まったとされています。麹町支店の融資課長が融資先の不動産業者と結託し、不動産投資失敗の穴埋めをするために36億円もの不正融資を引き出し、事件になりました。

この事件は、野党総会屋にとっては格好の攻撃材料です。この年の株主総会をどうにか無事に乗り切るため、第一勧銀は与党総会屋として小池氏を起用することにしたのです。

大スキャンダルが発覚した直後であるにもかかわらず、小池氏は株主総会を1時間程度の〝ジャンシャン総会〟に仕切りました。このとき小池氏は総会屋の先輩である木島力也氏の力を借り、株主総会の秩序維持のために「東声会」という暴力団を動員したそうです。

このとき第一勧銀は、小池氏に大きな借りを作りました。これが弱みとなり、先ほど触れたように、不動産や株の購入資金として117億円もの迂回融資をすることになったのです。

しかし、こうした株主総会に絡んだ銀行と裏社会との関係は、第一勧銀に限ったことではなく、他の銀行にもあったことです。事件が発覚するまでマスコミは報じていませんでしたが、当時としてはむしろ一般的なことでした。

当の小池氏が２０１４年に週刊誌のインタビューに答えて、このように証言しています。

「（中略）トヨタのような特殊なコングロマリットは例外ですが、基本的にこの国にはメーンバンクを持たない企業は存在しません。誰もが名を知る大企業になれば、地方銀行ではなく、ごく少数のメガバンクがメーンとなる。メガバンクのあずかり知らぬところで各企業が勝手に総会屋にカネを渡すことがありえるでしょうか。

私の経験をお話しすれば、１９７５年の本田技研の総会がわかりやすいでしょう。長時間にわたって演説をぶって社長を攻撃していると、本田技研の人間が〝小池さんに電話がかかっています〟という。

演説を中断して電話に出ると、本田技研のメーンバンクである三菱銀行（現三菱東京UFJ銀行）から〝なんとか発言を止めてもらえませんか。（小池氏の師匠格である）上森子鉄氏に相談すればいいのでしょうか〟という電話でした。結局最後は銀行が尻ぬぐい役として出てくるんです」（小池氏）

［出典：１００億円以上引き出した「伝説の総会屋」がキャリア振り返る NEWSポストセブン（２０１４年11月15日）］
https://www.news-postseven.com/archives/20141115_286355.html

銀行と総会屋および暴力団との関係は、株と不動産が右肩上がりに上昇している限りにおいては良好でした。不正融資であっても返済や利払いが順調であれば、問題が発覚しなかったからです。

ところが、バブルが崩壊して返済や利払いが滞り始めると状況は一変します。

1991年頃から大小さまざまな金融不祥事が発覚しました。実は、先ほどの第一勧銀の不祥事は、一連の不祥事の最後のほうで発覚した打ち上げ花火だったのです。

平成二年から三年にかけて発生した金融・証券不祥事については、各方面で議論が繰り返されている。金融証券不祥事とは、広義においては、金融・証券業の行為に関し社会的に非難されるような事件をいい、狭義においては、昭和六〇年以後、ことに平成二年ないし三年に発生した事件を指すのである。すなわち狭義の金融不祥事というのは、住友銀行関係者その他有力銀行関係者が系列のノンバンク等を利用して投機的土地買収に巨額な資金を融通して一般市民を困惑せしめた地価の大暴騰の原因となったこと、および富士銀行、東海銀行、協和埼玉銀行（現あさひ銀行）の関係者が偽造の定期預金証書や質権設定承諾書を担保として、ノンバンク等より巨額の資金の融通を受けたことである、とされている。

論者は、これに日本興業銀行・東洋信用金庫・料亭経営者尾上縫のワリコー担保融資に端を発する同種事件を加えるのが適当と考える。

［出典：〈研究ノート〉一連の偽造預金証書事件について（前）：金融不祥事発生のメカニズムを探る
橋本光憲（神奈川大学、１９９３年）］
https://kanagawa-u.repo.nii.ac.jp/?action=pages_view_main&active_action=repository_view_main_item_detail&item_id=5342&item_no=1&page_id=13&block_id=21

この論文が指摘しているように、バブル崩壊直後から銀行は大きなトラブルを抱えました。中でも「住友銀行関係者その他有力銀行関係者が系列のノンバンク等を利用して投機的土地買収に巨額な資金を融通」というのは、通称「イトマン事件」と呼ばれる戦後最大の経済犯罪です。

この事件は、１９９６年9月16日の日本経済新聞朝刊に「伊藤万グループ、不動産業などへの貸付金、1兆円を超す」という記事が掲載されたために発覚しました。伊藤万（萬）とは、のちのイトマンです。

この事件で住友銀行は５０００億円もの損失を被ったとされています。そのうち３０００億円は闇社会に消えたと言われ、その行方はいまだにわかっていません。

日産自動車前会長カルロス・ゴーン被告の疑惑が、些細な万引きぐらいに思えるほど超ド級の背任事件だったのです。

感情的に許しがたいもの

イトマンは大阪発祥の繊維商社で、住友銀行の有力な取引先でした。

ところが、1973年の石油危機(オイル・ショック)で収益が急速に悪化したため、住友銀行の磯田一郎頭取(当時)の信頼が厚く、懐刀といわれた河村良彦氏がイトマンに社長として送り込まれました。河村氏はらつ腕をふるって商品在庫を一掃し、たった2年で黒字化を果たしました。

その後、経営は順調に見えましたが、1985年のプラザ合意以降、急激な円高による繊維不況もあって再び経営が悪化します。

そこで、河村氏はイトマンを繊維商社から総合商社へ転換させることによって、この難局を乗り切ろうとしました。ところが、この拡大路線が大失敗したのです。

イトマンの元常務、傍士《ほうじ》倶明《ともあき》氏の証言をもとにした産経新聞の記事があります。

傍士氏は「次の社長を送り込みたい銀行側の意向がある中で、長くイトマンにとどまりたい河村さんは業績を伸ばす焦りがあったのかもしれない」と推測する。

一方、住銀の磯田氏もメーカーに積極融資する姿勢を取っており、収益を伸ばすためにイトマンを仲介して不動産を中心とした融資を進めていた。

それに目を付けた経営コンサルタントの伊藤氏が平成2年2月、住銀名古屋支店の紹介でイトマン入り。暴力団関係者が背後にいるといわれた伊藤氏は、怪しげなゴルフ場開発や土地購入の話を持ってきては河村氏に投資を勧めたという。

傍士氏は「これらの投資話は社内で『伊藤案件』と呼ばれていたが、伊藤氏はもともと不動産関係をやっていたし、違和感はなかった。河村さんの信頼もあり、一時は副社長の話もあった」と振り返る。

伊藤氏とつながりのあった許氏は、河村氏に美術品や貴金属への投資を持ちかけ、鑑定書を偽造するなどして市価の2〜3倍で売りつけて暴利をむさぼった。

［出典：【衝撃事件の核心】イトマン事件OB激白「裏側伝えたい」　産経新聞（2018年12月19日）］

https://www.sankei.com/premium/news/181219/prm1812190003-n1.html

「経営コンサルタントの伊藤氏」とは、のちにイトマン常務となる伊藤寿永光《すえみつ》氏のことで、広域暴力団山口組の企業舎弟と言われた人物です。「許氏」とは許永中《きょえいちゅう》氏のことで、山口組や政治家の亀井静香氏など、さまざまな人脈を持つ「フィクサー」と言われた人物です。

こうした怪しげな人物の持ち込んだ案件にもかかわらず、住友銀行は審査の過程で問題点を見抜けませんでした。5000億円もの巨額のカネが消えたわけですから、審査はザルだったということです。

次に、前記した「富士銀行、東海銀行、協和埼玉銀行（現あさひ銀行）の関係者が偽造の定期預金証書や質権設定承諾書を担保として、ノンバンク等より巨額の資金の融通を受けた」という事件ですが、詳細は以下のようなものでした。

今回発覚した幹部行員による不正融資の手口は、取引先企業と共謀したうえで①架空の預金証書や偽造の質権設定承諾書を作成する②この書類を担保にノンバンクからの融資を引き出す③場合によっては偽装工作としていったん預金として積んだのち引き下ろし、取引先に資金を渡す―というもの―手法は富士、旧埼玉、東海の三行ともほぼ共通していた。

いずれのケースも預金の決裁権限や管理権限を持つ幹部行員による不正取引、内部検査によるチェックがきかず、ノンバンクの照会があるまでまったくわからなかったことに、各行とも一様に衝撃を受けている。それは「膨大な業務をさばくために、〝行員性善説〟に立ち、任さざるをえない」(都銀首脳)ことからくる業務の管理・チェック体制の限界を改めて見せつけられたからだ。

[出典:〈研究ノート〉一連の偽造預金証書事件について(前):金融不祥事発生のメカニズムを探る 橋本光憲(神奈川大学、1993年)]

https://kanagawa-u.repo.nii.ac.jp/?action=pages_view_main&active_action=repository_view_main_item_detail&item_id=5342&item_no=1&page_id=13&block_id=21

預金証書を偽造してノンバンクから金を引き出す。典型的な迂回融資ですが、銀行は内部検査でまったく見抜けませんでした。検査部門の目は節穴でしょうか?

当時の都市銀行である第一勧業銀行、住友銀行、富士銀行、東海銀行、協和埼玉銀行、長期信用銀行の興銀、長銀、日債銀……結局はどの銀行もデタラメなことをしていたわけです。そんな銀行が潰れそうになったら、国民の多くは「ざまぁみろ!」とは思っても、税金を投入して救ってあげようとは思いません。

しかし、銀行を救済しなければ大変な混乱が起こり、回りまわって国民も大損する可能性があります。それを頭ではわかっていても、国民は感情的に許せなかったのです。

すべての問題は、バブルの発生と崩壊に起因していました。ならば、そもそもバブルの原因を作った日銀の超低金利政策がいけなかったのでしょうか？　いや、そうではありません。なぜなら、あの低金利政策がなければ、円高不況によって企業は倒産しまくり、失業も増えて、バブル崩壊による大混乱が前倒しでやってきた可能性があります。

低金利というマクロ政策が間違っていたわけではなく、不動産価格や株価の急騰というピンポイントの事象に対するミクロ政策を怠ったことが、最大の問題だったのです。

そして、何よりも間違っていたのは銀行です。担保至上主義で融資を増やし、事もあろうに裏で総会屋やヤクザとつながっていたのですから。

当時、庶民は「サラリーマンが一生働いても家一軒買えない」という状態だったのに、銀行は裏社会と結託して濡れ手で粟だったのですから、国民が怒ったのも無理はありません。

大蔵省と銀行による汚職事件

ところが、問題はこれで終わりませんでした。1998年1月26日、大蔵省接待汚職（ノーパンしゃぶしゃぶ）事件で、収賄側の大蔵省金融検査部の検査官2名が逮捕されました。

逮捕容疑は、検査日程をリークすることの見返りに、あさひ銀行（現・りそな銀行）、第一勧業銀行（現・みずほ銀行）、三和銀行（現・三菱ＵＦＪ銀行）、北海道拓殖銀行（現・北洋銀行）から賄賂を受け取ったというものです。

何と監督官庁までもが堕落しきっていたのです。この逮捕をきっかけに、収賄側の官僚が7名、贈賄側の銀行が11名逮捕されました。

国民の怒りの矛先は、一気に大蔵省に向かったのです。

〈1998年に逮捕された主な官僚〉

1月18日　井坂武彦　前日本道路公団理事　元金融検査部長、造幣局長
（↓逮捕、解任）　外債発行主幹事選定に絡む収賄

1月26日　宮川宏一　前金融証券検査官室長
（↓逮捕、懲戒免職）　検査に関する日程等の情報漏洩ほか収賄

1月26日　谷内敏美　前金検部 管理課長補佐
（↓逮捕、懲戒免職）　検査報告書の横流しほか便宜供与収賄

3月5日　榊原隆　前証券局 課長補佐
（↓逮捕、休職処分）　金融新商品承認で便宜供与収賄

3月5日　宮野敏男　前証取委 上席検査官
（↓逮捕、休職処分）　米国不動産債権に関する便宜供与収賄
3月11日　吉沢保幸　日銀 前営業局証券課長
（↓逮捕、更迭）　機密情報漏えい、手形評価などで便宜供与　収賄

【出典：『激論！大蔵省の功罪と日本!!』を見る資料　テレビ朝日】
https://www.tv-asahi.co.jp/asanama/video/9803/das9803.html

当時の金融行政がどれだけいい加減で、監督するほうもされるほうもデタラメだったかということがよくわかります。このスキャンダルによって大蔵省は解体され、現在のように財務省と金融庁に分割されるに至ったわけです。

その背後には「財政と金融を分離すれば、業界との癒着は起こらない」という根拠のない不思議な理論がありました。日銀も根拠法である日銀法が改正され、政府から「独立」することになりました。

しかし、官僚たちはまったく懲りませんでした。最初に勘違いしたのは日銀です。日銀は独立の意味を履き違え、1998年から2012年まで政府の言うことを無視して、緊縮気味の金融政策を続けました。

一時的な金融緩和もありましたが、景気が回復しかけると「バブルが再来する！」とばかりに、金融引き締めに走るという愚策を繰り返して、日本経済に大きな損失を出したのです。

日銀は「日本銀行法第3条第1項」で、「日本銀行の通貨及び金融の調節における自主性は、尊重されなければならない」と、金融政策の独立性を認められています。

また、同じく「第5条第2項」では、「日本銀行の業務運営における自主性は、十分配慮されなければならない」と業務運営の自主性についても認められています。

しかし、これらは政府によるコントロールをまったく受けずに、好き勝手にやっていいということではありません。選挙で選ばれたわけでもない日銀の職員には、民主的な統制が必要です。その心は、政府が金融政策の目標を決め、その目標を日銀が達成するため、あらゆる手段を独立して自主的に行使できるということです。

ところが、大蔵省接待汚職事件で元大蔵官僚の松下康雄日銀総裁が引責辞任し、棚ぼた的に日銀総裁に就任した元日銀プロパーの速水《はやみ》優《まさる》氏は、日銀が政府から解き放たれたかのような妄想を抱いていたようです。

速水氏といえば、2000年に早すぎるゼロ金利解除をして金融引き締めに向かい、消費税増税から立ち直りかけた日本経済を奈落の底に突き落とした張本人です。

こんな大混乱のもと、国民の期待を一身に背負って誕生したのが、2001年の小泉純一郎政権でした。不良債権処理は待ったなしですが、公的資金を投入せずに銀行を潰してしまったら、健全な企業まで巻き添えを食って連鎖倒産してしまいます。いくら銀行が悪くても、潰してしまうと預金者や取引先、さらにその先の取引先まであらゆるところに被害がおよぶからです。

小泉政権は当初、国民世論に配慮して悪い銀行を成敗するというポーズを取っていました。小泉首相がいみじくも「痛みなくして改革なし、改革なくして成長なし」と勇ましいことを言っていたのは、その表れです。

民間から経済財政政策担当大臣に登用された竹中平蔵氏は、小泉首相の命を受けて、当初は不良債権処理を加速する「金融再生プログラム」（竹中プラン）という強硬路線で一気に不良債権処理をする構えを見せていました。

小泉政権初期の構造改革路線は、ある種の緊縮政策であり、それがすべて実行されていたら日本経済の混乱には拍車がかかっていたでしょう。

しかし、そんなことをすると地元選挙区で企業倒産が広がる危険性を感じた与党議員たちは、一斉に反発しました。あまりの反発の激しさに、強硬路線は修正され、企業を潰すことより、再建することに政策の重心はシフトしていきます。

そんな中、再び問題が起こりました。

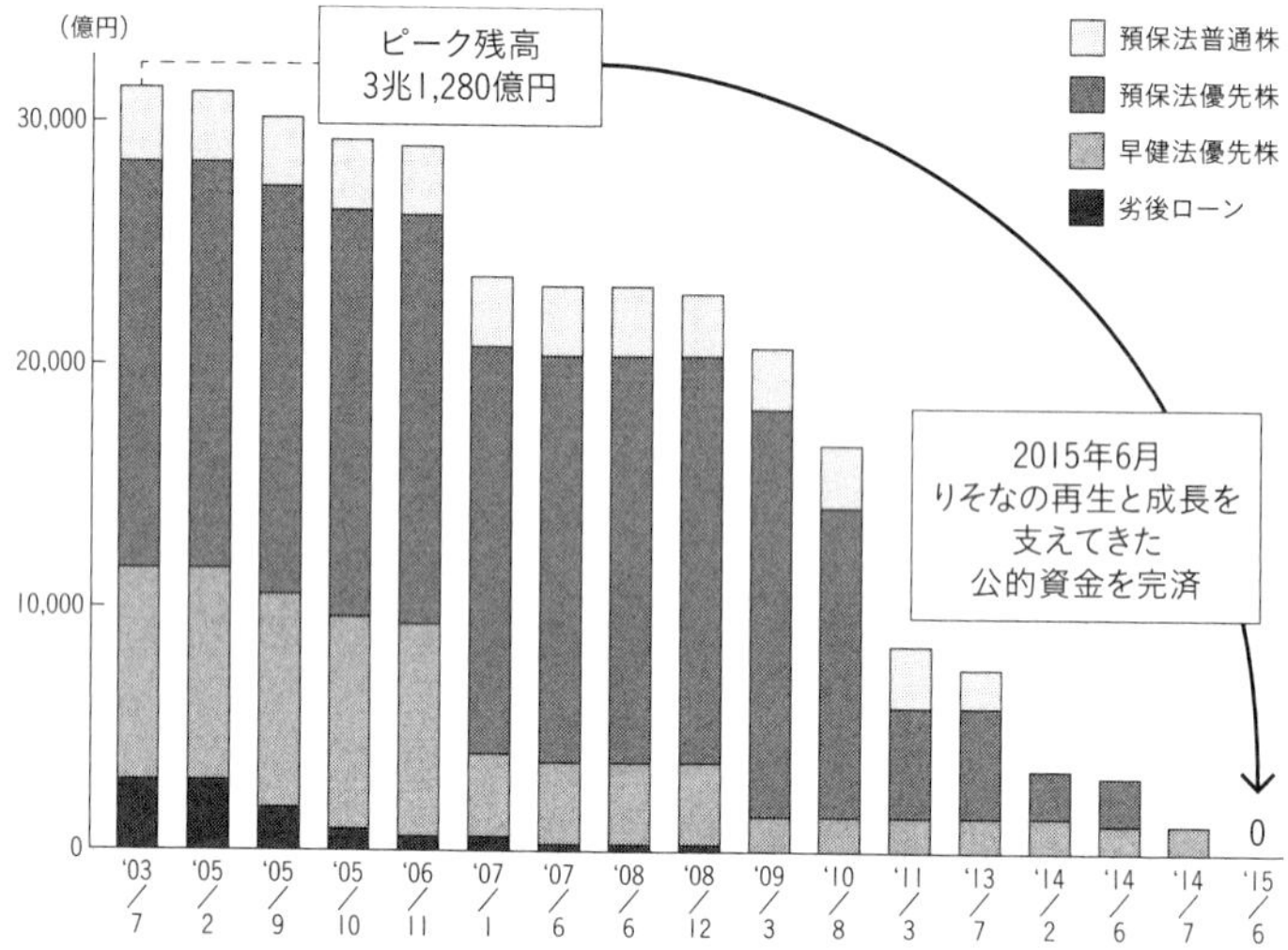

公的資金の完済について
出典:りそなホールディングス　https://www.resona-gr.co.jp/holdings/about/hd_gaiyou/ayumi_kouteki.html

りそな銀行が2003年3月決算で、財務の健全性を示す自己資本比率が2%程度まで下落したのです。当時、銀行規制により国内業務のみを行う銀行の自己資本比率は4%以上と定められていました。放置すれば、りそな銀行は業務停止に陥ります。

このままでは経営破綻する可能性が高いと小泉政権は判断し、初めて予防的に公的資金を注入することを決めました。

これは小泉政権が当初の強硬路線を放棄し、政策を180度転換したことを示す象徴的な〝事件〟でした。ただし、りそな銀行の名誉のために言っておくと、このとき投入された約3兆円の公的資金は2015年までに全額返済されています。

第6章

何も変わらない銀行の体質

伝説の大蔵砲「テイラー・溝口介入」

政府が緊縮的なハードランディング路線を撤回したことで、景気はよい方向に向かい始めました。ところが、２００３年９月頃から突如、投機筋による円買いのアタックが始まりました。

それまで1ドル１１７円前後だった円相場は、一気に1ドル１０７円台まで円高になってしまったのです。当初は一時的だと思われたこの相場は、その後自律反発せず、さらにじりじりと円高方向に振れていきました。そして、２００３年末には1ドル１０５円台をうかがうようになります。

この円高を阻止するため、財務省は総額30兆円におよぶ巨額の為替介入を決断します。１１０ページで述べたように、変動相場制は為替介入を前提としていませんから、これは反則スレスレ、いや厳密にはアウトです。

当時、アメリカ財務省のジョン・ブライアン・テイラー財務次官と大蔵省の溝口善兵衛財務官が、この介入について綿密に連絡を取っていました。

アメリカ政府の理解を得ることで、ギリギリセーフにしたということです。

	政府		銀行(市場)
1	為券	→	為券
	円資金	←	円資金
2	円資金	→	円資金
	ドル資金	←	ドル資金

通常の為替介入の手法(不胎化介入)

1. 為替介入を行う際、政府は為券(国庫短期証券)を市場で売却し、円資金を銀行から調達する。
2. 政府はその資金を再び銀行に持ち込んで、銀行が保有するドルを買う。

この為替介入は、俗に「テイラー・溝口介入」と言われています。

当時、小泉政権内にいた元財務官僚の髙橋洋一氏によれば、この介入は内閣府特命担当大臣として金融・経済財政政策を担当していた竹中平蔵氏が命じたものであり、「竹中介入」と呼ぶべきだとのことです。

いずれにしても、この介入は金融緩和の大きな効果を生みました。このメカニズムを理解するため、為替介入の仕組みについて簡単に説明しましょう。

上の図は為替介入のプロセスを解説したものです。政府は為券《ためけん》（外国為替資金特別会計において、外貨購入に必要な円を獲得するため発行される政府短期証券）を発行し、銀行から円資金を得ます。その円資金を再度、銀行に持ち込んでドルと交換するのが通常の為替介入です。

この取引をもっと大きな視点からみると、円資金が政府と銀行の間を行ったり来たりしているだけで、日本円の総量に変化はありません。

では、テイラー・溝口介入では、何が違ったのか？

実はこのとき、買いつけ金額があまりに大きく、為券を民間の銀行に売っただけでは、十分な資金が集まらないことが予想されました。

そこで、政府は為券を日銀に直接売り、日銀が為券をいったん所有した後、時間をかけて市場で売却して消化するというオペレーションを実施しました。

しかも、日銀はこのとき、新規に通貨を発行して為券を購入します。そのため、日本円の総量が増加し、金融緩和効果を生みました。

ただし、通常だと日銀は手元にある為券を、いつか民間の銀行に売って資金を吸収してしまいます（不胎化介入）。もし、日銀が手持ちの為券全額を民間の銀行に売れば、新規に発行した通貨を全額回収することになります。これではいわゆる「行って来い」で、日本円の総量は増えません。

その点、テイラー・溝口介入では、日銀は資金を全額回収せず、全体の4割程度を市中に残したと言われています（非不胎化介入）。

Great intervention（※1）の期間には総計35兆円の介入が実施されたが，その一方で当座預金残高は約20兆円から33兆円へと増加した。興味深いことに，この間の当座預金残高の増加額13兆円は介入総額の約40％であり，本稿の推計結果と数字のオーダーがほぼ一致している。本稿の分析結果は，当座預金残高を高い水準に維持するという政策目標を実現するために日本銀行が意図的に円売りドル買い介入を不胎化（※2）しなかった可能性が高いことを示している。

【出典：量的緩和期の外為介入　渡辺努・藪友良（2009）】
http://www.ier.hit-u.ac.jp/~ifd/doc/IFD_WP45.pdf

※1　テイラー・溝口介入のこと
※2　市場に出回った資金を吸収すること

次ページ上のグラフは、日銀が保有していた為券の月次残高推移を表しています。2003年の第2四半期から2004年の第1四半期にかけて、為券の保有残高が増加していることが確認できます。

また同時期、次ページ下のグラフを見ると、日銀当座預金（銀行や証券会社など金融機関が日銀に預けているお金）の残高も右肩上がりに増加していることがわかります。これは当時実施

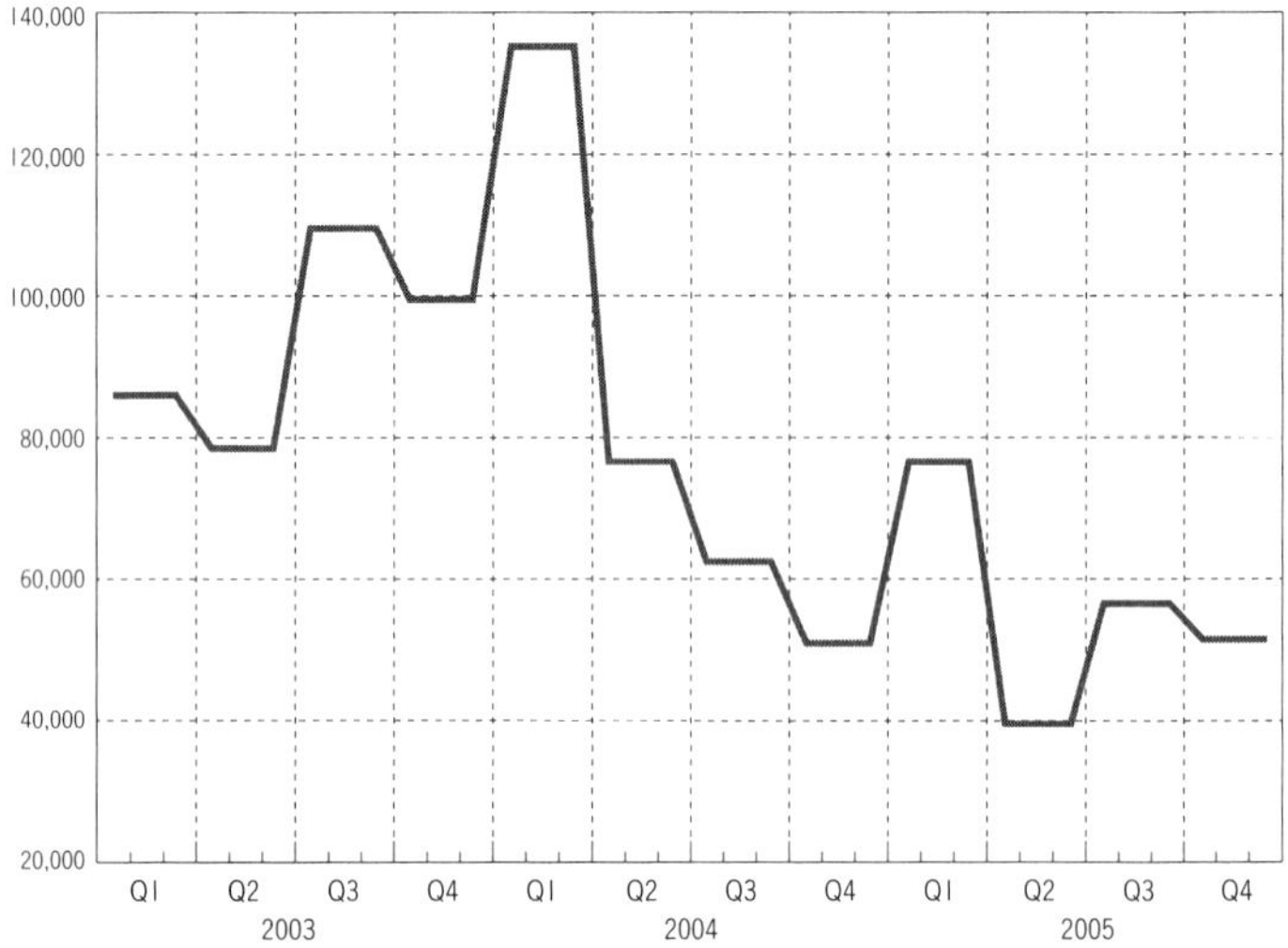

日銀の為替保有残高の推移

出典：日本銀行　https://www.stat-search.boj.or.jp/ssi/html/2015.20181221213917.png

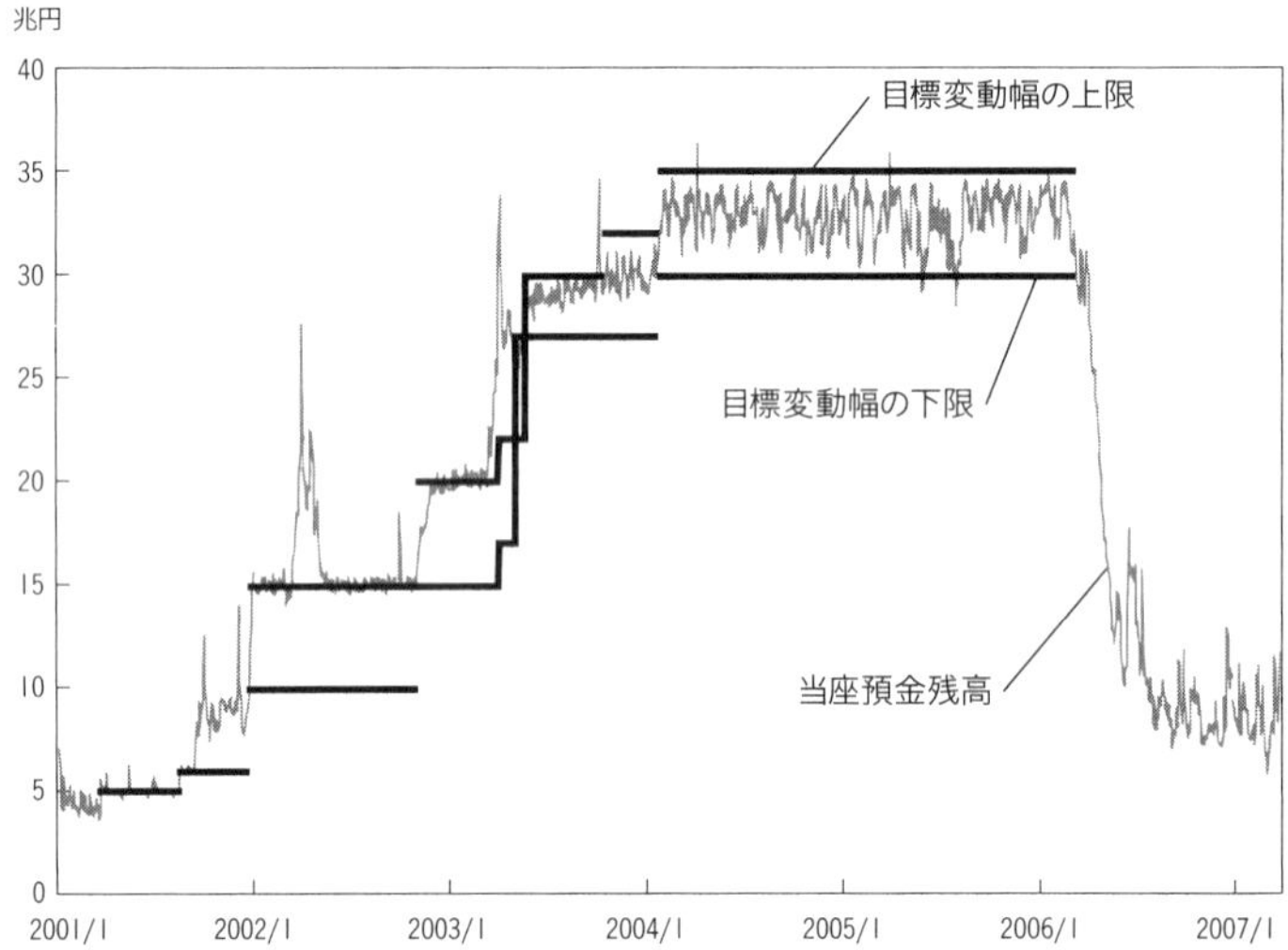

当座預金残高と目標水準の推移

出典：量的緩和期の外為介入　渡辺努・藪友良（2009年）　http://www.ier.hit-u.ac.jp/~ifd/doc/IFD_WP45.pdf

されていた量的緩和政策によるものです。日銀当座預金残高を30兆円前後に保ち、企業や個人への融資拡大につなげることが当時の金融緩和の枠組みでした。

為替介入における政府と銀行の資金のやり取りも、すべて日銀当座預金を通じて行われるため、この時期に量的緩和が拡大していたことが、為替介入資金の滞留に追い風となったのです。

日本経済復活まであと一歩

さて、りそな銀行救済による緊縮財政放棄と日銀の為券保有増や当座預金残高増加は、財政と金融のアクセルを同時に吹かす効果的な景気政策となりました。そして、日本経済はやっとバブル崩壊の痛手から立ち直るきっかけをつかみかけたのです。

2002年に0・12％とマイナス成長をギリギリ踏みとどまっていた実質GDP成長率は、2003年には1・53％、2004年には2・21％まで回復しました。

日経平均株価は、2003年4月にバブル崩壊以来の最安値7831円（月終値）をつけましたが、その1年後には終値で1万1761円まで上昇します。

これにともない就職氷河期も一時雪解けムードとなり、有効求人倍率は右肩上がりとなりました。２００７年には、久々に求人数が求職数を上回っています。

待ちに待った景気回復ですが、これでも銀行が抱えた問題は解消されませんでした。銀行は終わったばかりの不良債権処理のトラウマにとらわれたかのように、極端なリスク回避姿勢を取ったからです。その証拠に２０００年以降、銀行融資額が全然伸びていません。

次ページのグラフをご覧ください。

バブル崩壊と不良債権処理で、日本経済は焼け野原と化しました。日本経済再生のため、銀行はリスクを負ってでも積極的に融資を増やすべきでした。それが銀行の社会的責務でもあります。ところが、バブル崩壊の後処理の重さを味わったことから、バブル自体を発生させない消極的な姿勢に関心が移ってしまったのです。

バブルを発生させないように融資を絞れば、新しいことにチャレンジしようとする人が資金を得られません。担保が豊富な既存の大企業にばかり融資をしたら、それが目に見えないビジネスの参入障壁にもなります。

大変残念ですが、銀行が喜んで貸すような既得権にあぐらをかいた大企業からイノベーションは生まれません。中小企業こそが日本経済の屋台骨を支えているのです。結果として、この頃の銀行の姿勢は、その後の日本経済に大きなツケを残したと言えます。

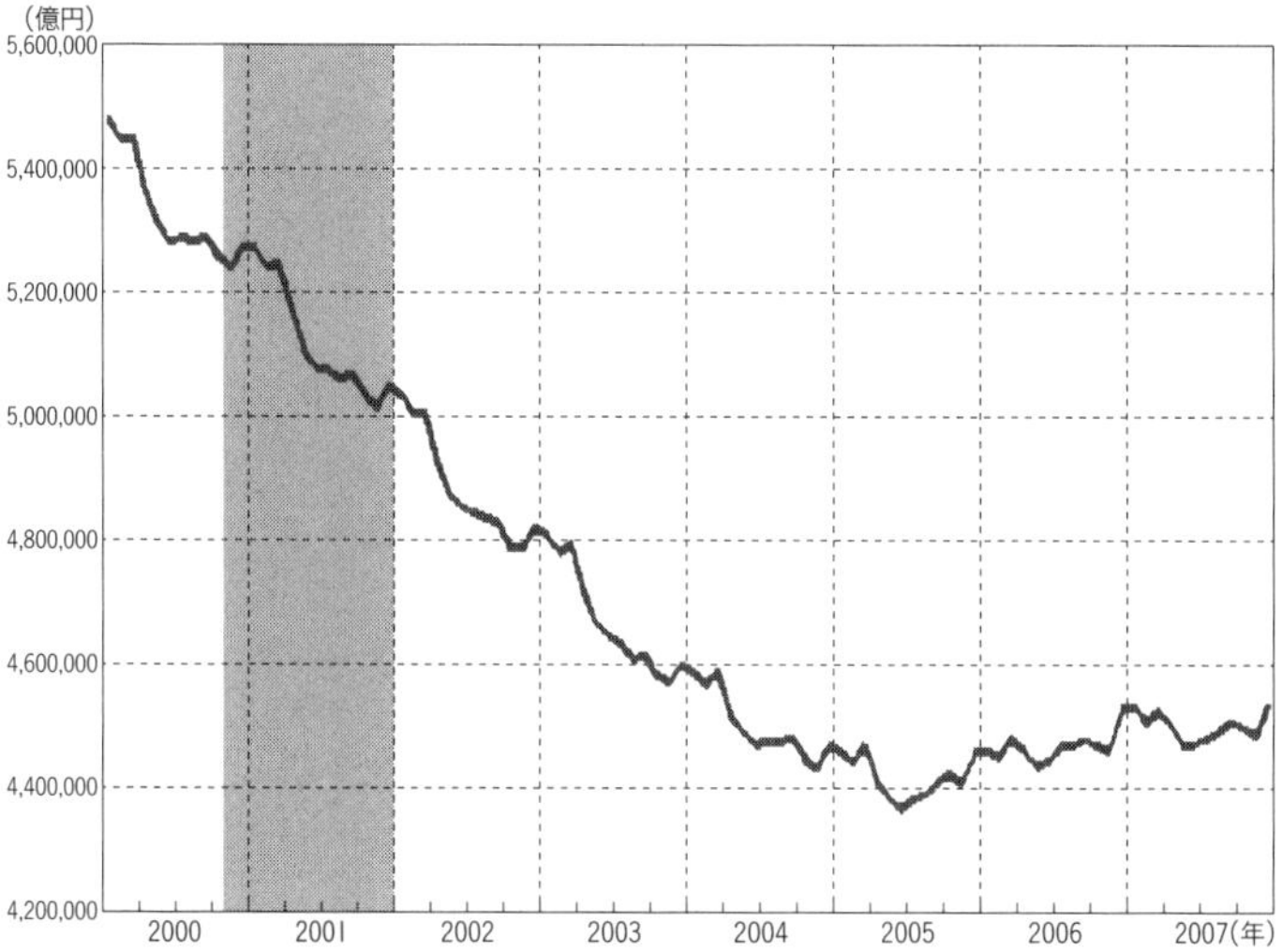

銀行の貸出金の推移(総貸出平残　銀行・信金計)

出典：日本銀行　http://www.stat-search.boj.or.jp/ssi/mtshtml/md13_m_1.html

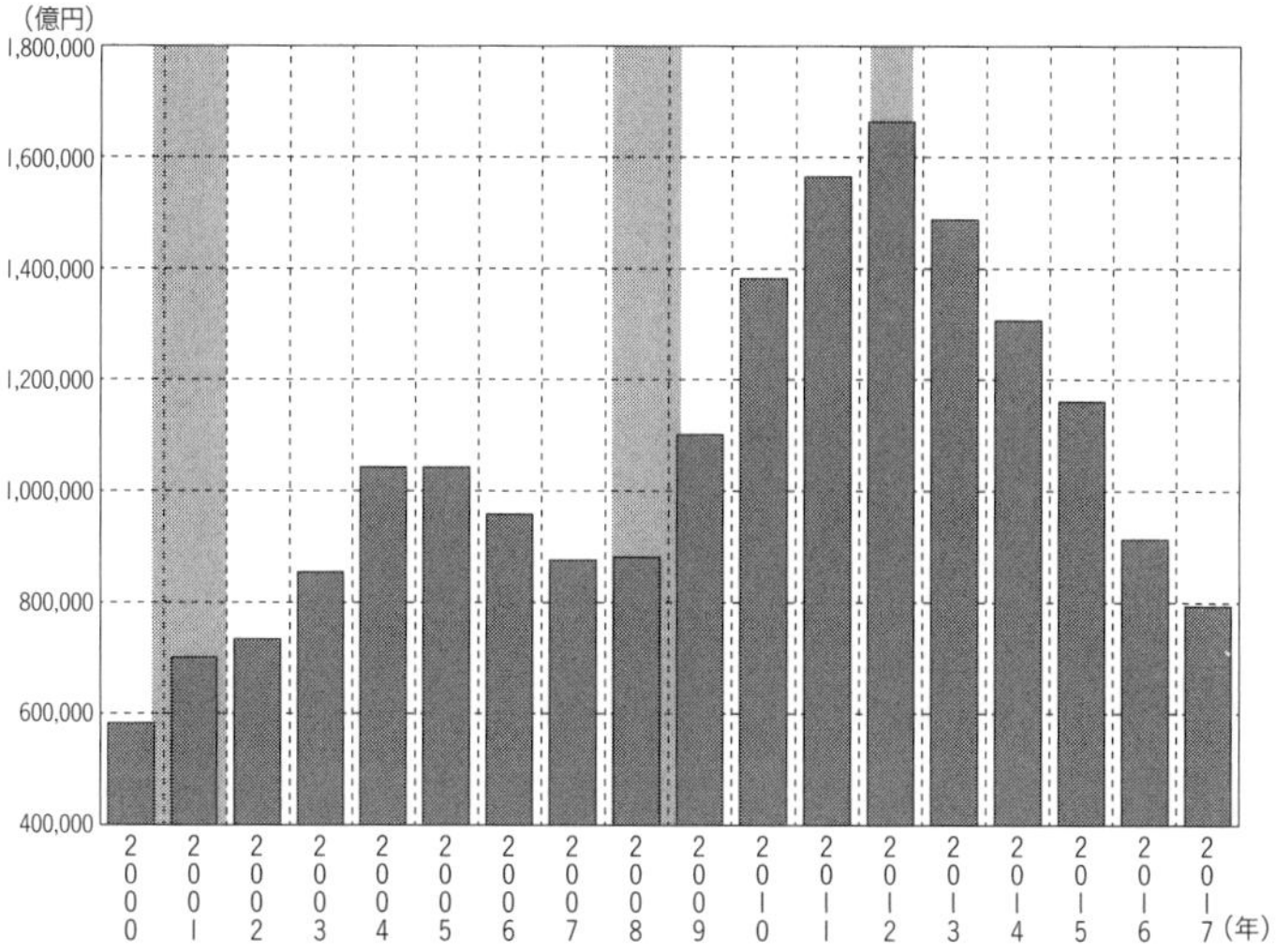

銀行の国債保有残高の推移

出典：日本銀行　http://www.stat-search.boj.or.jp/index.html

加えて、銀行は本業の融資収益が減ったことを穴埋めするため、比較的リスクが低い国債のディーリングによって利ザヤを稼ぐという〝セコいビジネス〟に手を出しました。地銀が大量の国債を保有しているのは、この頃から続く悪行のなれの果てです。2000年から2005年まで、銀行の国債保有残高は右肩上がりとなっています。

181ページ下のグラフは、急増した銀行の国債保有残高が、その後もずっと維持されていることを示しています。つまり、銀行は本業の融資で収益が上がらない分、国債のディーリングという〝アルバイト〟で稼ぐという異常なビジネスモデルを何年も続けていたのです。本来は銀行の花形であるはずの融資部門より、銀行内で日陰の存在だった債券部門のディーラーたちが、一躍脚光を浴びるという奇妙な現象が起きました。そして、銀行経営は混迷の度合いを深めていったのです。

とはいえ、小泉政権下の一時的な緊縮路線放棄と日銀の金融緩和とのコンビネーションは、日本経済をどん底からある程度は救いました。この路線を2010年まで続けていれば、アベノミクスを待たずして日本はデフレを脱却していたでしょう。

守りの姿勢に入っていた銀行ですら、2006年からは国債の保有残高を減らし始めています。第一次安倍政権の誕生したこの年は、日本経済復活まであと一歩のところまで来ていたのです。

日銀総裁の裏切りで銀行融資がマイナスに

ところが、このタイミングで日銀が裏切りました。2006年3月、当時の福井俊彦日銀総裁が、将来的な物価上昇（インフレ）率の上昇を懸念するなどとして突如、量的緩和を解除してしまったのです。

このときの日銀政策決定会合は、オブザーバーとして参加している政府関係者から異論が噴出するなど、異常な事態となりました。

ここで日本経済の2つのエンジンのうち、量的緩和という1つのエンジンが止まりました。船はエンジンが止まっても、しばらくは惰性で進みます。日経平均株価は2007年6月、2000年代としては最高値の1万8297円をつけました。

ところが、これをピークに株式相場は下落の一途をたどります。そして、運の悪いことにアメリカ経済の大混乱が重なります。2007年にサブプライム住宅ローン危機、2008年にリーマン・ショックと、立て続けに大きな経済危機が発生し、すでに量的緩和の解除で足場を失っていた日本経済は総崩れとなります。

リーマン・ショックはアメリカ発の経済危機であるにもかかわらず、日本のGDPが先進国の中で最も低下し、回復が最も遅くなりました。日本の銀行は、問題となったサブプライムローンの仕組債（市場環境に応じて元本や利回りが変動する複雑な債券）などはほとんど所有していなかったのに、なぜこんなことになったのでしょうか？

その理由は簡単です。福井氏の後任である白川方明《しらかわまさあき》日銀総裁の失策が原因でした。リーマン・ショック発生後、主要先進国の中央銀行がケタ違いの金融緩和を行って景気回復を図ったのに、白川日銀は頑なに金融緩和を拒否したのです。その結果、ドルやユーロやウォンが大量発行されているにもかかわらず、日本円だけが不足するという異常事態を招きました。

円が極端に不足した結果、1ドル80円台、70円台といった超円高を招き、輸出関連企業が軒並み収益を減らします。加えて、国内産業も為替レートによって大幅に割安となった外国製品との競争に晒《さら》され、業績が悪化しました。

多くの製造業が海外に工場を移転させたのも、この頃です。せっかく回復していた雇用環境にも冷や水を浴びせ、2009年7月には完全失業率が最高で5・5％に上昇しました。これはバブル崩壊直後の水準です。

あくまでこれは私の推測ではありますが、白川氏は中国共産党のスパイではないでしょうか？　彼は日本の景気をわざと悪化させて工場を中国に移転させるように画策していたのではないか？

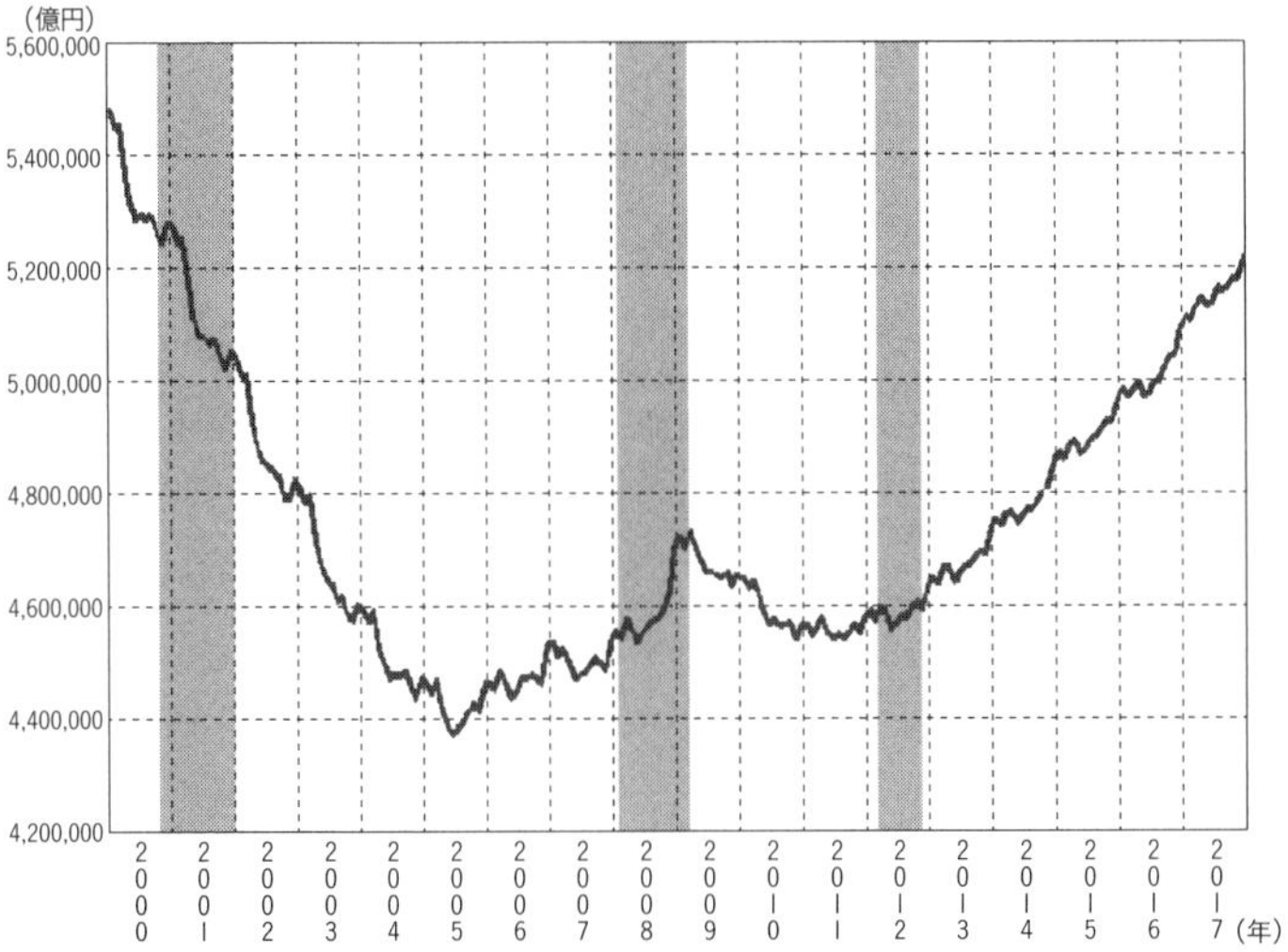

銀行の貸出金の推移(総貸出平残　銀行・信金計)
データ出所:日本銀行　http://www.stat-search.boj.or.jp/ssi/mtshtml/md13_m_1.html

白川氏の金融緩和を拒否する頑迷さと、結果として起こった中国への工場移転を結びつければ、そう思えてなりません。

融資抑制という銀行のリスク回避的な姿勢が２００６年から少し緩んできたのに、その後のリーマン・ショックの発生とその対応のミスは、銀行のトラウマを呼び覚ましました。バブル崩壊以降増えかけていた銀行融資は、再びマイナスとなったのです。本格的な復活は、安倍政権が誕生した２０１２年までお預けとなりました。

このように政府と日銀の対応は基本的にチグハグなものでした。外的なショックで経済が大打撃に見舞われているのに、傷口をふさぐどころか、それを広げるような失策を繰り返していたのです。

２０１２年末からアベノミクスによって日本経済が復活しても、銀行の動きは鈍く、旧態依然たる担保至上主義から脱却できないままでいます。バブル崩壊以来、何度も酷い目に遭ったため、リスク恐怖症が染みついてしまったかのようです。

テクノロジーの進化によって、銀行というビジネスモデル自体が風前の灯火になりつつあるにもかかわらず、銀行は変化を恐れて監督官庁の顔色ばかりうかがっている。そんな状況が続いていると思えてなりません。

繰り返される暴力団への融資

２０１２年12月に発足した第２次安倍晋三政権が最初に着手したのは、大胆な金融緩和でした。その安倍政権にとって、金融緩和を頑なに拒んでいた白川方明日銀総裁は、絶対に交代させなければならない存在でした。

安倍政権からの強いプレッシャーを感じたのか、それとも国民の怒りを買っていることに気づいたのか、白川日銀総裁は２０１３年２月５日に突如辞任を表明します。同年４月の任期満了を待たず、３月19日で辞めるというニュースが流れると、翌日の東京市場では円安が進み、日経平均株価はリーマン・ショック後の最高値を更新しました。

これほどまでに市場に嫌われた日銀総裁は、歴史上存在しなかったでしょう。

後任の日銀総裁には、財務省出身の黒田東彦《はるひこ》氏が就任しました。アベノミクスの柱をなす、金融緩和によるデフレ脱却と景気回復を図る「リフレ政策」に、財務省の中で最も理解があると言われていた人物です。

副総裁にはリフレ派（積極緩和派）のリーダー的存在であり、ずっと日銀を批判し続けていた学習院大学教授の岩田規久男氏が就任しました。市場はこの人事を大歓迎し、1ドル100円を大幅に下回る超円高は終了し、株価も1万3000円台を回復しました。

これで日本経済に明るい兆しが見え始めました。

デフレを脱却し、まともな経済成長ができるようになれば、さすがの銀行も態度を改めるだろうと思ったのですが……結局は何も変わりませんでした。

2013年9月27日、みずほ銀行が暴力団関係者との取引を理由に、金融庁から業務改善命令を受けました。

みずほ銀行は暴力団関係者に合計で230件、約2億円超（2012年秋時点の残高）を融資。金融庁によれば、その融資の方法は系列信販会社のオリエントコーポレーション（オリコ）を経由した迂回融資（不正なまた貸し）でした。またかという感じです。

この系列信販会社との提携ローンは「キャプティブローン」と呼ばれ、金融庁によれば「顧客からの申込みを受けた信販会社が審査・承諾し、信販会社による保証を条件に金融機関が当該顧客に対して資金を貸付けるローン」です。

最悪なことにみずほ銀行は、２０１０年12月の時点で暴力団員らへの融資の実態を把握しておきながら契約を放置し、資金の回収すらしなかったといいます。この事実こそ、組織の悪弊を自らの力で改められない銀行の自浄能力のなさを示しています。

金融庁のプレスリリースには、「提携ローンにおいて、多数の反社会的勢力との取引が存在することを把握してから2年以上も反社会的勢力との取引の防止・解消のための抜本的な対応を行っていなかった」「反社会的勢力との取引が多数存在するという情報も担当役員止まりとなっている」とあり、まさに組織ぐるみ、意図的なものだったことがわかります。

みずほ銀行の母体行は、第一勧銀、富士銀、興銀です。第一勧銀といえば、先に触れた通り、バブル期に総会屋への利益供与事件で世間からバッシングを浴びた銀行です。不正融資の金額は違っても、やっていることは変わりません。

なぜこんなことになったのでしょうか?

第三者委員会の調査によれば、みずほ銀行の行員は、提携ローンが自行のローンであるということに意識が希薄だったと指摘しています。

キャプティブローンは、みずほBK自らの貸付債権であるから、自行債権としての反社管理をしなければならない。しかし、本キャプティブローンについては、みずほBKの平成23年7月29日付取締役会議事録においても「11年3月末基準　グループ会社における与信取引・与信取引以外の資金提供取引状況」の欄に本キャプティブローンに係る反社チェックの結果を記載し、自行債権として取り扱っていないこと、みずほ銀行の幹部や行員のヒアリングにおいて、本キャプティブローンが自行債権であることを認識していなかったと述べる者が少なくなかったことからも、みずほBKの役職員に、本キャプティブローンが自行の融資であり、その顧客が自行の与信先であるという意識が希薄であったことが認められる。

[出典：みずほ銀行　提携ローン業務適正化に関する特別調査委員会の調査報告書]
https://www.mizuhobank.co.jp/release/2013/pdf/news131028_3.pdf

銀行員は融資のプロであるはずですが、提携先のローンは自行のローンではないので、暴力団に貸しても構わない。事なかれ主義でスルーしたというわけです。これはコンプライアンス上、大きな問題があると言わざるを得ません。

崩壊した銀行員の職業倫理

この提携ローンの実態は、事実上の無担保融資でした。担保、担保と質屋みたいなことを言っている銀行が、暴力団が相手なら担保もろくに取らず融資する。第三者委員会は「意図的な隠ぺいはなかった」と結論づけましたが、私には到底信じられません。

三和銀行（現・三菱ＵＦＪ銀行）支店長で「汚れ役」とも呼ばれ、暴力団担当だった岡野義市氏は、雑誌『フライデー』の取材で次のように証言しています（少し長いですが、この問題の深刻さがよくわかる内容なので、岡野氏の発言を引用します）。

「あれは銀行の無担保融資といっしょ。本来は車が担保になるはずやけど、中古車だから価値はわからへんし、たぶん車自体二束三文でしょう。相手は計算した上で、自動車ローンという形の借金をしとる。オリコ（オリエントコーポレーション）の融資保証がついとるから、銀行の腹は痛まん、いう説明もあるけど、そうやない。みずほは、ローンが焦げ付いて信販会社のオリコが傾いたら、その損失を穴埋めせなアカン。いわばみずほグループが一体となった無担保融資ですわ」

「信販会社の審査対象は、融資先の人物です。過去に返済が滞ってブラックリストに載っていなければ、書類上、収入があるように整っていたらＯＫ。審査の中で勤め先に電話をかけることもあるけど、ヤクザの息のかかった会社に雇ってもらっているかのように頼んどいたら、それでクリアーできます。銀行本体の審査はもっと厳しいけど、ノンバンクや信販会社の審査なんかそんなもんです。しかし、焦げ付きが発生すれば、グループとして損失を被るのは同じことです」

「今度の取引でみずほは、返済は滞っていない、不良債権じゃない、と言い張っています。けど、それは甚だ疑わしい。仮に現在はローンが焦げ付いていなくても、おそらく自転車操業でしょう。最後には莫大な不良債権になってくる。それがヤクザとの取引です」

「ポイントは価格査定の難しい中古車ローンだという点。中古車の販売ディーラーとヤクザが組めば、簡単です。金利や手数料などを考えず、例えば仕入れ値10万円のクラウンを組員が１００万円で買い、その分のローンを組んだとする。すると、現金１００万円が銀行からディーラーに振り込まれ、ディーラーは差し引き90万円の儲けになる。実はその儲けを仕分けするんが、ヤクザの元締めなのです。90万円の利益のうち30万〜40万円を上納させ、残りを組員とディーラーで分けるという仕組み。まあ残り50万円として、ざっと組員が30万円、ディーラー20万円という感じでしょうか」

――――［出典：みずほ激震「ヤクザと銀行」元暴力団担当行員の告白（フライデーからの転載記事）］
http://gendai.ismedia.jp/articles/-/37360

担当した銀行員は、日産前会長のカルロス・ゴーン被告と同じ特別背任罪か、詐欺罪に問われても不思議ではないぐらいのレベルです。ところが、みずほ銀行の塚本隆史会長が引責辞任し、54人が減俸などの社内処分を食らった程度で、この問題で逮捕されたみずほの銀行員はゼロ。金融庁が業務改善命令を出しましたが、それ以上のお咎《とが》めはありませんでした。

私は当時の状況を知るみずほ銀行の関係者を直撃しました。その関係者が匿名を条件に話した内容は衝撃的です。なんと、岡野氏の見立てはまったくもって正しいとのことです。

当時、提携ローンであっても損失が出れば、みずほ銀行が補填するということはみんな知っていたというのです。第三者委員会の調査報告はウソだったということになります。

バブル崩壊から20年以上も経って、いまだに銀行員の職業倫理なんてこんなものです。監督官庁も大甘だと言わざるを得ません。銀行も金融行政も、その本質は絶望的なぐらい何も変わっていないのです。

しかも、崩壊した銀行の職業倫理は現在進行形です。みずほ銀行の一件から5年経った2018年の4月18日、女性専用シェアハウス「かぼちゃの馬車」を手掛けるスマートデイズが、民事再生手続きを棄却され、破産することが決定しました。

かぼちゃの馬車は、スマートデイズが土地の取得から建物の建設、管理まで行う女性専用シェアハウスです。スマートデイズは物件であるシェアハウスを作ると、一般の人に売却します。

物件のオーナーとなった人は、スマートデイズと「サブリース」と呼ばれる契約を結びます。これによりスマートデイズがオーナーから物件を一括で借り上げ、「保証された賃料」を支払うという触れ込みでした。

銀行にお金を預けてもほとんど金利がつかない時代にあって、かぼちゃの馬車は8％もの高利回りを謳い、カモを集めまくったのです。

シェアハウスの需要が右肩上がりであれば、物件に空室も生じず、オーナーは保証された賃料を長期にわたって受け取ることができるでしょう。銀行から借金をして物件を購入したとしても、保証された賃料が年利8％、ローンの金利が年利2％ぐらいなら、余裕で儲かります。

余ったお金で元本を少しずつ返済していけば、いずれ借金が消えて物件も家賃もすべて自分のモノになると、多くの人がこの甘い話に飛びつきました。しかし、そんなうまい話には必ず罠があります。

スマートデイズは破産する約半年前に突然、保証された賃料が支払えなくなるとオーナーたちに通告しました。

スマートデイズは、2012年8月に設立。首都圏を中心に女性専用シェアハウス「かぼちゃの馬車」を運営している。物件オーナーを見つけ建築から管理運営まで請け負う「サブリース」で業績を伸ばし、2013年7月期の売上高4億4502万円が、2017年3月期（2016年に決算期変更）は316億9664万円へ急拡大していた。ところが、2017年10月に突然、物件オーナーに賃料減額を通知。1月17日と20日に開催した説明会で1月以降の賃料支払いが難しいことを明らかにした。

［出典：「かぼちゃの馬車」運営のスマートデイズ、物件オーナーへの支払いが困難に　東京商工リサーチ］http://www.tsr-net.co.jp/news/analysis/20180122_01.html

かぼちゃの馬車は家具つきの女性専用シェアハウスで、入居の初期費用が1万円という安さが売りでした。しかし、供給過剰で入居率は徐々に下がり、2017年頃には5割にも満たなかったそうです。

スマートデイズの売り上げが4年間で約80倍にもなったのは、入居者が増えたからではなく、物件を大量に作り、高利回り目当ての一般人に売りまくった結果です。

ひょっとしたら保証された賃料というのも、元本を（タコが自分の足を食べるように）タコ足配当していただけかもしれません。

スマートデイズの被害者弁護団は、次のように述べています。

スマートデイズは支払う意思も能力もないのに長期にわたり利益が得られると誤信させ、販売会社を使って高額物件を原告に販売後、計画的かつ短期間でサブリース賃料の支払いをやめた。「詐欺的行為で、故意による不法行為に当たることは明らか」とし、同社役員についても「業務執行者として故意による不法行為責任を負う」としている。

また、建築会社は、本来なら大幅に低い価格で建築できるにもかかわらず、多額のキックバックをスマートデイズに支払うことを隠し、原告に何千万円も水増しした建築請負契約を締結させたと指摘。「不当に高額な建築請負契約を締結させて、多額のキックバック分の損失をこうむらせる違法性を有する行為」とした。

不動産コンサルティング会社についても、「残高を改ざんする専用ソフトがある」「スルガ銀行の担当者もすでに承知している」などと原告に告げて年収資料や預貯金残高を改ざんし、本来なら原告が投資することのできない高リスクの投資物件に投資させたと指摘。「違法性を有し、故意による不法行為責任を負うことは明らかだ」とした。

［出典：かぼちゃの馬車は「金を吸い取る魔法」「詐欺商品」、2億円の損害賠償求め提訴　弁護士ドットコムニュース］

https://www.bengo4.com/internet/n_7624/

どこが地銀の優等生なのか？

さて、被害者が指摘する通り、この問題にはスルガ銀行が大きく関わっています。

いくら高利回りのオイシソウな案件を並べたところで、シェアハウスという高額物件をキャッシュで買える人は稀です。銀行が融資してこそ、案件として成立するのです。

かぼちゃの馬車の創業当初から、スルガ銀行は融資面でこの事業を支えてきました。スルガ銀行なくして、かぼちゃの馬車なし。そうであるがゆえに、スルガ銀行は批判されました。

スルガ銀行は融資に必要な書類を改ざんし、本来なら貸せない人にまで多額の融資をしていたのです。預貯金残高が50万円しかないのに、4000万円もあるかのように書類を改ざんして、不適切な融資を受けた人もいました。

第三者委員会の報告書には、こうしたことが常態化していたことが記されています。

2014・1・20首都圏営業（特推）

特推のリーダーが業者に「エビ15Mぐらいでお願いします」と偽装されたエビデンスの作成を依頼

2014・2・25首都圏営業（特推）

業者が行員に対して、同じ口座番号で残高の違う預金通帳を送付（400万円偽装）

2014・3・26新宿

業者が複数の金融機関の通帳をエビデンスとして行員に送付。その際、「○○銀行以外はすべて本物です」と連絡

2014・4・10首都圏営業（日本橋）

業者が行員に対して、同じ口座番号で残高の違う預金通帳を送付（3000万円偽装）

2014・7・18渋谷

業者が行員に対して、同じ口座番号で残高の違う預金通帳を送付（1800万円偽装）

2014・8・12渋谷

業者が行員に対して、同じ口座番号で残高の違うネットバンキングの残高を送付（1000万円偽装）。またその前に行員が業者に「材料送ります」というメールを送っており偽装に行員自身が一部関与している

【出典：スルガ銀行株式会社　第三者委員会　調査報告書（公表版）　p85】
https://www.surugabank.co.jp/surugabank/kojin/topics/pdf/20180907_3.pdf

「エビ15M」というのは、「エビデンス（＝預金残高を証明する証拠）を1500万円分」という意味です。審査を通すため、具体的な金額まで指定してある点はかなり悪質です。

しかも、このやり取りが行われていたのは、みずほ銀行が暴力団融資事件で2013年9月に金融庁から業務改善命令を受けた翌年1月のこと。ほんの数か月しか経っていません。銀行業界全体で気を引き締めて、コンプライアンスに取り組もうとしていなかったのでしょうか？　メガバンクもメガバンクなら、地銀も地銀です。銀行の倫理は、全国津々浦々まで崩壊していたと言わざるを得ません。

スルガ銀行は預金残高を示す書類の偽装、収入証明の偽装、住宅ローン契約時に加入する団体信用生命保険の加入申し込みにおける診断書の偽装など、嘘で塗り固めて審査を無理やり通していました。しかも、偽装は契約の本質である賃料利回りにもおよんでいました。

第三者委員会の報告書には次のように書いてあります。

収益不動産ローンの融資基準では満室想定賃貸収入の70％を返済原資とみて融資限度

額を算出することとされていたため、物件価格が高い場合など、その取得資金をできる限り多く貸し出すために、レントロール（※）が偽装されたものと推認される。また、収益不動産ローンの融資限度額は収益還元法による担保評価額によっても左右されることから、担保評価額をつり上げる目的でレントロールが偽装されることもあり得る。似たような偽装としては、サブリース契約におけるサブリース金額の偽装も存在する。また、新築の収益不動産の場合、物件建築後に実際に予定されている現実的な家賃設定額の見込みを超えた家賃が記載されることもあり、そうした場合も実勢価格との乖離という意味でレントロールが不適切に作成されたものといえる。

［出典：スルガ銀行株式会社　第三者委員会　調査報告書（公表版）　p90］

https://www.surugabank.co.jp/surugabank/kojin/topics/pdf/20180907_3.pdf

※レントロール：不動産の賃貸借条件を一覧にしたもので、投資利回りの計算に用いられる。

スルガ銀行の行員はスマートデイズに対して、「利回りは8％で仕上げて下さい（最近うるさくなってきています）」などと投資利回りの数値を具体的に指示し、レントロールの偽造を依頼していたそうです。もう完全に共犯です。

しかし、こんなインチキなことをしていたスルガ銀行のビジネスの中身を見抜けず、「地銀の優等生」と持ち上げていた人がいます。
それは監督官庁である金融庁の森信親《のぶちか》長官（当時）です。

実は、この騒動が起きる前、スルガ銀行を〝ベストバンク〟と持ち上げていたのが、何を隠そう金融庁の森長官だったのだ。昨年5月、森長官は一枚のペーパーを手に地銀や第二地銀の頭取を集めた会合でこうハッパをかけていた。

「地域銀行の多くが人口減で貸し出しに苦しむなかで、データを分析して他行が貸さないところに貸し、継続して高い収益率を挙げている。この特異なビジネスモデルを生み出した銀行を高く評価したい」

森長官が手にしていたペーパーは、金融庁が作成した地銀と第二地銀の収益力を表すマトリクス表だった。この会に出席したある地銀トップは、

「表の縦軸は利益率で、横軸は利益率の増減幅。4つのマスの右上が〝生き残れる銀行〟で、左下が〝危ない銀行〟との解説でした。行名は明記されていませんでしたが、右上にあったのは3行。その最上位がスルガ銀行だったのです」

17年3月期決算で、スルガ銀行の経常利益は582億2200万円の5期連続で過去最高益を記録。〝個人ローンに特化した成果〟と、一部経済誌も賛辞を送っていた。

「森長官の発言後、金融庁の幹部が本店を訪れてうちの頭取と面談した際、〝おたくもスルガ銀行さんを見習わないと、生き残れませんよ〟と、嫌味をいわれたそうです」（第二地銀幹部）

［出典：「金融庁長官」てのひら返し　サブリース「かぼちゃの馬車」騒動　週刊新潮（2018年4月5日号）］

https://www.dailyshincho.jp/article/2018/04090559/?all=1&page=2

地銀がからむ怪しい不動産事業

森元金融庁長官は、東大卒の財務官僚で、2006年に金融庁へ移り、検査局長、監督局長を経て、2015年に金融庁長官となったエリートです。

1998年の大蔵省接待汚職（ノーパンしゃぶしゃぶ）事件の際、財政と金融を分離すればすべてが解決するという〝謎の理論〟で大蔵省が解体され、金融監督庁（現・金融庁）が分離発足したはずではなかったのでしょうか？　いくら財政と金融を分離したところで、融資業務をやったことがない公務員に、金融の現場の不正を見抜くのはかなり難しいということです。

金融庁は、ド素人をトップに据えた間抜けた組織と私には映ります。もちろん、現場を知る優秀な官僚もいるでしょうが、いくらスルガ銀行のヤバさに気づいていても、金融庁長官が「地銀の優等生」と持ち上げたら何も言えなくなります。

まさに悪しき官僚的ランク主義、上司には逆らわない軍隊式の指揮命令系統が問題の本質ではないでしょうか？

なぜそんなことが言えるのかというと、スマートデイズには実に怪しげな人物が出入りしており、少し調べれば誰でも気づくほど有名だったからです。

その怪しげな人物とは、佐藤太治氏です。佐藤氏はスマートデイズの実質的なオーナーであり、かつてＡＶ（アダルトビデオ）を多く扱う全国規模のビデオショップチェーン「ビデオ安売り王」を運営する「日本ビデオ販売」という会社を計画倒産させたとも言われる人物です。

風営法違反の容疑で逮捕歴もある佐藤氏は、業界では「計画倒産詐欺師」として名が通っていたそうです。そんな佐藤氏ですから、自分がスマートデイズの社長として表に出るわけにはいきません。

そこで賃貸アパート大手「レオパレス21」の創業家が、２００８年に設立した不動産投資や賃貸経営の「ＭＤＩ」という会社で要職を歴任した大地則幸氏を表立てていました。

とはいえ本来、金融のプロ中のプロでなければならないはずの森金融庁長官が、なぜこんなことに気づかなかったのか？　私は、そこに受験エリートの限界を感じます。

仮に佐藤氏の存在に気づかなかったとしても、スルガ銀行のメインエンジンがかぼちゃの馬車関連の収益であることは明らかです。そして、そのビジネスモデルは、かなり怪しい。一言で言えば、一粒で4度オイシイビジネスモデルなのです。

そのカラクリを説明しましょう。

まずはカモになる投資家を見つけた時点で、**①スマートデイズは物件を転売して売却益を得る**。その物件の建築費は大幅に水増しされていて、**②業者からもキックバックを得る**。さらにサブリース（転貸借）物件として運営することで、**③家賃から一部ピンハネしたうえ、④共益費を全額懐に入れる**。

ちなみに、私の事業を手伝ってくれている不動産仲介業者は、このビジネスモデルを一発で見抜きました。そもそも業界ではよくある手口なのだそうです。森金融庁長官は、巷の不動産屋が一発で見抜いたビジネスモデルを、まったく見抜けなかったことになります。

結果として、かぼちゃの馬車のビジネスは総額で1000億円もの被害を出しました。

被害者の多くはビジネスパーソンだったと言われています。物件には入居者がおらず、運営元は倒産、手元に1億円以上の借金が残った人もたくさんいました。

被害は、これだけにとどまりません。森金融庁長官の発言後、似たようなサブリースの仕組みを使った不動産投資が急速に広がりました。そして、第2、第3のかぼちゃの馬車が、実はたくさん存在することが発覚したのです。

２０１８年12月20日、中国新聞が報じたところによれば、ある東京の不動産業者が、改ざんした書類を使い、山口県周南市に本店を置く西京銀行から融資を引き出しました。

その不動産業者とは、アパートの企画・施工管理を手掛ける東証一部上場の「ＴＡＴＥＲＵ」という会社です。

やっていることはスマートデイズとまったく同じで、不正の手口までそっくりです。それもそのはず、ＴＡＴＥＲＵはスルガ銀行とも組んでいたのです。しかも、スマートデイズよりずっと前から、この手口で売り上げを伸ばしていました。

TATERUが無理に融資を通そうという姿勢は、創業当初から一貫していたという見方もある。（中略）

TATERUが「インベスターズ」という社名だった２００７年から3年続けて計3棟購入した愛知県のDさん（50代男性）は「インベスターズは当時スルガ銀行とタッグを組んでいて、高い金利でも融資を引いてー、2年経てば借り換えできるという説明をしていました」と語る。「毎月インベスターズのオーナーの集まりがあったんですが、営業マンは口をそろえて『スルガ銀行からならいくらでも引っ張れます』みたいなことを

吹聴していたので、よっぽど融資が通りやすいんだなと感じた記憶はあります」（中略）

金融機関提出用の事業計画書では自己資金が「2600万円」となっているが、実際には1500万円しかない。Dさんは「2600万円の自己資金のエビデンスは求められなかった。自分自身も、こんな書類1枚で借りられたことには驚いた記憶がありま
す」と振り返る。

さらに、事業計画書の家賃はオーナー用が5万5000円なのに対し、銀行提出用は6万5000円に水増しされている。船井総研土地活用コンサルタントの川崎将太郎氏は「オーナー用と銀行提出用で事業計画書を分けることはありますが、通常は銀行提出用の方に入居率などよりストレスをかけて、それでも回ることを説明する。レントロールを水増しして融資を通そうとするのは詐欺のような行為だといえます」と指摘する。

［出典：TATERU、創業初期から不正横行か　楽待不動産投資新聞
https://www.rakumachi.jp/news/column/230012］

なんとスルガ銀行は、この手口を2007年頃から使っていたようです。むしろ西京銀行は巻き込まれたほうなのかもしれません。融資書類の改ざん問題は、この記事が出る半年以上前の2018年5月頃から、ネットでは話題になっていました。

ＴＡＴＥＲＵの株価は、２０１８年４月頃は２５００円ほどでしたが、２０１９年６月３日時点では２１８円まで下落しています。きっと銀行はＴＡＴＥＲＵを見捨て、自分たちは被害者だったと白々しく言い逃れするのではないかと私はみています。

いつまで同じような事件を繰り返すのか

スルガ銀行の不祥事は、手ぬるい内部調査と行員の処分や再教育、それに偉い人が数人辞めて幕引き、などということで許されていい問題ではありません。これまで不祥事が起こるたびに何度も同じような光景が繰り返されてきましたが、一向に改まる気配がないからです。

スマートデイズ、ＴＡＴＥＲＵに共通するサブリースを使った不正融資によるビジネスモデルは、通称「スルガスキーム」と呼ばれています。

シェアハウスでは「サクトインベストメントパートナーズ」「ゴールデンゲイン」、アパートでは「ガヤルド」といった会社も、このスルガスキームを使っていました。

サクトインベストメントパートナーズは２０１８年１月に、保証された賃料の支払い停止が表面化、ゴールデンゲインは同年５月に破産、ガヤルドに至っては建設中の建物を放置して社長がお金を持ち逃げするという事態に至っています。特に悪質なガヤルドのケースでは、建物が未完成にもかかわらず、スルガ銀行は工事代金を振り込んでしまうという、ミスなのか、ワザとなのかわからない大失態をやらかしています。

スルガ銀行がこれだけ激しくリスクを負ったのは、創業一族の岡野光喜元会長らに責任があると言われています。しかも、創業家に対しては総会屋やヤクザに対して行われていたような不透明な融資があったことが発覚しました。

スルガ銀行は組織防衛のためか、創業家を訴えるそうです。


スルガ銀行は創業家の影響下にあった関連企業への不適切な融資で損失を招いたとして、創業家の岡野光喜元会長ら旧経営陣を追加で提訴する方針を固めた。旧経営陣は資産などをきちんと把握せず、経営が悪い関連企業に融資を実行。同行は焦げ付きに備えた引当金の計上を迫られた。シェアハウスなどの投資用不動産を巡る提訴に続き、責任を追及する。

金融庁によると保有資産の実態や具体的な返済計画を検証せずに融資したり、融資した関連企業が別の関連企業に転貸して回収が難しくなったりしている例があるという。

スルガ銀はこうした融資が焦げ付くリスクに備えて18年4〜9月期に134億円の貸倒

引当金を計上。同期に1000億円超の最終赤字に転落した一因となった。
返済が進まないなか、関連企業は岡野元会長を含む創業家の個人に69億円を融資。特定の関連企業からの融資を回収するために、別の関連企業にスルガ銀が寄付金名目で資金を出し、それを還流させて返済を受けた実態も明らかになっている。
――【出典：スルガ銀、創業家向け融資でも元会長ら提訴へ　日本経済新聞（2018年12月26日）】
https://www.nikkei.com/article/DGXMZO39359630V21C18A2MM8000/?nf=1

銀行は、監督官庁の言いなり、総会屋やヤクザの言いなり、そして創業家の言いなり。やはり銀行には主体性がなく、問題が発覚したら「私は被害者でした」と開き直るろくでもない組織としか私には思えません。

銀行員たちは不正に手を染める前に、なぜ岡野氏のワンマン経営に抗議して会社を辞めなかったのでしょうか？　どうしてこの不正を告発しなかったのでしょうか？　組織にどっぷり浸かった社畜にこれらを求めるのは、土台無理な話なのでしょうか？

しょせん銀行とは、そういうリスク回避的な人の集まりだと、元銀行員である私は思っています。

だからこそ、岡野元会長のようなヤンチャな銀行経営者がいると、羊の群れに狼が一匹放たれたような状態になってしまうのです。まして、金融庁長官が森氏のようなド素人のリスクテイカーだった場合、業界全体が間違った方向に流れてしまいます。

連合艦隊司令長官、山本五十六の誤った判断で真珠湾攻撃が実行され、最終的に帝国海軍が壊滅に至った悲惨な過去に被って見えるのは私だけでしょうか。

あえて言いましょう。「スルガスキーム」が薄められて全国に広がり、アパマンローンの大流行につながったのは、当時の森金融庁長官の「地銀の優等生」という発言（＝真珠湾攻撃）のせいです。

さて、ここまで読み進めていただいた方なら、私がなぜ第1章であれほど徹底的にアパマン融資を批判したか、おわかりいただけると思います。全国の銀行が積極的に勧めていたアパマン融資は、要するにこのスルガスキームを薄めたものに他なりません。

詐欺的な書類の改ざんをしていないまでも、事業の将来性より担保価値ばかり見て金を貸していた。それが果たしてプロの仕事なのでしょうか？

バブルの頃、銀行は収益を上げようと不動産や株式など投資向けに過剰融資をしましたが、これといまのスルガスキームと何が違うのでしょうか？　手口は違っても、方向性は同じです。担保偏重の形式的な審査基準を満たすために、鉛筆を舐《な》めて数字を作る。程度の差はあっても、今も昔もやっていることに変わりありません。

これまで見てきたように、バブル崩壊後も結局は形を変えて似たような事件が次から次へと起こり、似たような謝罪会見が行われます。そのたびに再発防止策が講じられますが、性懲りもなく銀行は似たような事件を繰り返しています。

本当にいつまで同じことを繰り返せばいいのでしょうか。こうした経緯を見れば、銀行に反省や改善を求めることは、昆虫にトイレの躾《しつけ》をするぐらい不可能であるのがわかると思います。

第7章

「銀行大崩壊時代」の結末

銀行の9割が消え、行員は99%リストラされる

この本の執筆を通して、私はある結論に至りました。銀行業界が抱えるさまざまな問題をすべて解決するための方法は、1つしかありません。

それは、銀行業務から人を排除することです。

これまで見てきた通り、銀行員を躾けることは「昆虫にトイレを使わせるぐらい」不可能なことです。改善はまったく期待できない。ならば、排除するしかない。

とにかく悪さをするのは人ですから、人さえいなくなれば大方の問題は解決します。人を排除すると言っても、いま発表されているような中途半端なリストラ策では不十分です。映画『ターミネーター』の「スカイネット」のように、人類を絶滅させるぐらいの大リストラ。それぐらいのレベルで銀行業務から徹底的に人を排除するのです。

しかし、銀行業務から人を徹底的に排除して大丈夫なのか？

大丈夫です。それはここまで発達したIT（情報技術）やAI（人工知能）の技術があれば、近い将来、銀行は巨大な情報システムの塊となって、それをメンテナンスするプログラマー以外、人がいらなくなります。

銀行の9割が消え、銀行員は99％リストラされる。それが銀行の近未来です。

これはもう逆らえない時代の流れであり、私がここで声高に言わずとも遅かれ早かれ実現することなのです。そして、問題は自然に解決するでしょう。

すでにネットバンキングの普及で、いちいち銀行の支店やＡＴＭコーナーに行かなくても、たいていのことは自宅でできるようになっています。いまだに紙の納付書を送ってくる税金や公共料金の支払いも、最寄りのコンビニでできます。

バーコードやＱＲコードによる決済などが普及すれば、いちいちコンビニにすら行く必要もなく、スマートフォンがあればいつでもどこでも支払いを完了できるようになります。

個人向けの消費者ローンや住宅ローンについても、ＡＩのビッグデータ解析によって個人の信用力を点数化した「信用スコア」に基づくほうが、現行のやり方より正確にリスクを判定できる可能性があります（企業向けの融資業務については、もう少し事情が複雑なので後述します）。

銀行の9割が消え、銀行員は99％リストラされるという近未来像は、暴論でもなければ、絵空事でもありません。大真面目にあり得る未来、いや近未来です。

例えば、Ｇｏｏｇｌｅが銀行業へ参入する可能性について、国立情報学研究所教授で数学者の新井紀子氏は次のように述べています。

個人の、そして多くのベンチャー企業のソーシャルキャピタルをかなりの精度で計算できると信じた日、Ｇｏｏｇｌｅは銀行業に乗り出してくるだろう。そうして言うのだ。「融資を受けたいのですね。では、ここにＧｏｏｇｌｅアカウントを記入してください」と。

だが、既存の銀行側はこう言うに違いない。メールのやりとりのような情報で人間の信用度やソーシャルキャピタルを測れるのか？ 第一、人はいくつものメールアカウントを持ちうるではないか。それよりも、銀行残高や勤務先、家族構成のほうがよっぽど重要ではないのか。（中略）

銀行に行って振り込みや預金引き出しの際に記入する申込書、加えてバックヤードで交わされる膨大な種類の帳票等々。これらの形式が銀行ごとに異なる。さらに悪いことにそれらは人間が読んで処理することをのみ前提としており、機械可読ではない。自動処理が難しいため、これらの帳票処理には各々専用機が開発されるか人手で処理されている。

だが、よく考えてみよう。成田空港で日本円を外貨に換金するのに、人を介す必要があるのだろうか。言い換えれば、そのときに支払わねばならぬ手数料は合理的なのだろうか。

だが、日本の銀行はこういうかもしれない。銀行の帳票は金融庁の定めに従っているので、帳票がなくなる日はこない、と。だが、どうだろう。より合理的な管理方法が国際標準になったとき、否、アメリカ標準になったとき、アメリカは「帳票」の存在そのものを、非関税障壁として槍玉にあげることはないのだろうか？

日米が長く争った非関税障壁問題は、常に日本が折れる形で決着している。帳票が存在し続けることを前提に「サグラダ・ファミリア」を構築し続けることは、賢明とは言いがたい気がする。

――［出典：LINEの銀行業参入が、下り坂の日本に突きつける「重い課題」 現代ビジネス（講談社）］
https://gendai.ismedia.jp/articles/-/58770

たった1割の〝勝ち組銀行〟になる策

既得権を守ることに汲々《きゅうきゅう》としていたら、鬼のような外圧によって、すべてが吹っ飛ぶ。日本の歴史は、この繰り返しです。

徳川幕府三百年の治世は平和をもたらしましたが、1800年以降高まる外圧に耐えきれず、ついに鎖国政策は終わりました。対外政策の大転換は大政奉還、明治維新という内政の大転換をもたらしました。三百年の安定政権も倒れてしまったのです。

徳川幕府はまだ力が残っているうちに改革をして、西欧列強に対抗する近代化を進めるべきでした。

1772年から1786年まで江戸幕府の老中を務めた田沼意次《おきつぐ》は、世界の勢力図が頭に入っており、積極財政と金融緩和による経済改革を進めた優秀な政治家でした。しかし、その田沼を緊縮派の幕臣たちは十代将軍家治の死去をきっかけに失脚させ、田沼の政策を逆転させるという愚を犯しました。

私は以前、こうした歴史の教訓を農協（JA）に伝えたことがあります。農業自由化論者の私を講演会に呼んだ農協はかなり太っ腹だと思いますが、呼んでくれたからには農協のためになることをしゃべろうと、次のような内容を話しました。


どんなに強い権力者でも時代の流れには逆らえない。徳川幕府は300年続いたが、やはり最後は時代の流れに勝てなかった。これに対して電電公社は通信自由化の流れに渋々従ったが、NTTドコモが携帯シェアNo.1となり今でも生き残っている。農協は最後まで抵抗して徳川幕府になるのか？　それとも力のあるうちに流れに乗ってNT

Tドコモになるのか？（中略）

そのためにはまず「農業は国の本」といった農本主義的な精神論を排して論理を展開すべきである。農協にとって、農本主義的な精神論こそ「日本の農業を守る」という劣位思考を生んでいるからだ。

【出典：『日本を亡ぼす岩盤規制』上念司著（飛鳥新社）】

銀行に言いたいことも、これとまったく同じです。どんなに財務省と金融庁と日銀が日本の銀行を守ろうとしても、世界的なイノベーションの大波には逆らえません。世の中の変化を受け入れて、まだ力があるうちに自ら改革するか、それとも力が衰えるまで現状維持に固執し、最後は無残にも解体されるか。道は2つに1つしかありません。

私に言わせれば、第1章で取り上げた銀行のリストラ計画など甘すぎます。

そもそも、銀行に本支店やＡＴＭコーナーが必要なのは、そこで現金や紙の帳票をやり取りするからです。小売店や飲食店で現金を使わず、スマホを使ったキャッシュレス決済がもっと少し一般化するだけで、現金のやり取りそのものが大幅に減る可能性があります。

振り込みや税金等の納付が、スマホに表示されたバーコードやＱＲコードで決済できるようになれば、いちいち銀行の窓口やＡＴＭに並ぶ必要はなくなります。顧客の利便性から考えても、そのほうが圧倒的にいいに決まっています。

そもそも、銀行が本人確認として使っている印鑑は必要なのでしょうか？　指紋や目の虹彩《こうさい》などを使った生体認証や電子認証のほうが、簡単に偽造できるスタンプ（印鑑）よりよほど安全性が高いことは、誰の目にも明らかです。

３Ｄ（３次元）プリンターがあるいまなら、印影を盗んだら即時に高精度なコピー印鑑を作成可能です。まだ真似しにくい自筆のサイン（筆跡）のほうがマシなくらいです。

キャッシュレス、印鑑レスになるだけで、銀行の有人業務のほとんどが不要となります。逆に言うと、その方向で経営改革に励む銀行は、大規模な経費節減に成功して、生き残る１割になれるでしょう。

こういう話をすると「最新機器に弱いお年寄りなどの情報弱者はどうするんだ！」と、弱者保護を訴える人が必ず出てきます。銀行サービスは、あらゆる人にとって使いやすいことが理想ではありますが、民間の銀行は営利企業でもあります。

コストのかかる対応を求める利用者から、それ相応のコストを徴収することは妥当なことです。残念ながら現金の使用に縛られた人たちは、革新を拒むものです。

そもそも、これは弱者切り捨てということにもなりません。アナログ対応にこだわる人から、割高な手数料を徴収するというモデルは、すでに定着しているからです。

かつて証券会社では窓口での相対注文が主流でしたが、それが電話注文に代わり、いまではネット注文がメインになっています。売買手数料はコストのかかる窓口のアナログ対応が最も高く、コストがあまりかからないネットが一番安く設定されています。

銀行ですら窓口で振り込むよりATM、ATMよりもネットバンキングの手数料が安く設定されているではありませんか。

現状で受け入れられているコスト別の手数料設定が、キャッシュレスになったら受け入れられないという考え方は、むしろヘンです。頭の体操がてら、頑張ってスマホを操作してもらいましょう。それができないのなら、それ相応の手数料を負担してもらうしかありません。

その代わり、銀行には血のにじむような努力、いや大量出血覚悟の「クビ切り」をやってもらうのです。

瞬時審査、振り込み0・3秒後の秒速ローン

銀行が預金や振り込みなどのリテール業務から人を徹底的に排除したら、個人向けの融資業務からも人を排除してもらいましょう。

前出の数学者、新井紀子氏は信用スコアを人の勘ではなく、データ解析で判定する方法について、Ｇｏｏｇｌｅの「ページランク」の仕組みが応用できると述べています。ページランクとは「多くのウェブページが参照しているウェブページは重要であり、重要なウェブページによって参照されているウェブページは中でも重要である」ということを数学的に計算して表したものです。

論文の重要度を引用関係から算出し、学術誌の影響力を表す「インパクトファクター」もまったく同じ仕組みで運用されています。

新井氏によれば、これらと同様のやり方で人間の信用度をランキングすることができると言うのです。

Ｇｏｏｇｌｅには15ＧＢの無料ストレージつきのウェブメールサービスＧｍａｉｌがある。月間アクティブユーザ数は10億人を超える。私もその一人だ。Ｇｍａｉｌは企業のドメインのアカウントも提供しているので、ベンチャー企業の中には社内メールは使わずにすべてＧｍａｉｌで済ませているところも少なくない。

Ｇｍａｉｌは私が誰とメールのやり取りをしているかすべて把握している。こうしたやりとりを「ウェブページの参照」あるいは「論文の引用」と看做すとどんなことがわかるだろうか。社会的信用の極めて高い人物ならば、彼と頻繁にメールをやり取りしている私の社会的信用もそれなりに上がる。なぜなら、私は、彼という「ソーシャルキャピタル」を有しているからだ。

ただし、そのメールのやりとりは「双方向的」でなければならない。私が一方的に彼にメールを送っているなら、それは広告かストーカーの可能性が高いからだ。Gmail上のメールのやりとり、ハングアウト(チャット)の記録、誰と写真やファイルを共有しているか等が、10億人のアクティブユーザを頂点とした超巨大グラフとして表現される。そこから個人のソーシャルキャピタル指数をコンピュータに計算させるというアイデアは、Googleにとって至極合理的に思えるだろう。(中略)

限りなく流動化する社会。そのとき、既存の銀行は与信するに足る情報をいまだもっているのだろうか。

――[出典：LINEの銀行業参入が、下り坂の日本に突きつける「重い課題」 現代ビジネス(講談社)]

https://gendai.ismedia.jp/articles/-/58770

Gmailによらずとも、SNSやスマホのアプリを使えば、このような信用スコアは測定可能です。こうなれば、融資書類の偽造は非常に難しくなります。なぜなら、普段から信用に足る行動をしていなければ、信用スコアが上がらないからです。

こうした信用スコアは、いま銀行が積極的に行っている消費者ローンの審査業務を劇的に変える可能性があります。瞬時に審査して、振り込みまで0・3秒後といった「秒速ローン」が当たり前の時代が、近い将来にやってくるかもしれません。そうなれば、完全に人間の出る幕はなくなります。

銀行の消費者ローン部門は、巨大な情報システムと、それを運用管理するごく少数の人によって極端に効率化するでしょう。そうなれば、ボッタクリのような高金利を取らなくても、十分に採算が取れるようになります。金利が下がることは、借りるほうにとっても悪いことではありません。

ただ、これはあくまで個人向け融資に限った話であり、企業向けの融資には当てはまりません。私がAIの開発に携わっているプログラマーに話を聞いたところによると、個人のネット上の振る舞いをいくらビッグデータで解析しても、せいぜい消費者ローンで使えるレベルでの信用スコアを出すのが限界だそうです。会社の振る舞いについては、その限界を超えていて解析するのは無理とのことでした。

なぜなら、メールやSNSのやり取りだけでは、個人の信用度をある程度は知り得ても、会社や特定のプロジェクトでの信用度など細かい情報は知り得ないからです。個人が消費者ローンや住宅ローンを借りる際、その行動をある程度は類型化できますが、そもそも新しいことに挑戦する企業のプロジェクトは類型そのものが存在しません。

確かにそのプログラマーが指摘する通り、企業向け融資の審査をAIにやらせるのは、まだハードルが高そうです。

とはいえ、企業向け融資から人を排除できる手段は、ちゃんとあります。大胆に発想を転換して、そもそも銀行業務から融資業務を排除してしまうのです。

銀行は巨大な〝金融商品マッチングサイト〟になれ

なぜ銀行が融資業務をやめてもいいのかを、その前提となる話から説明していきましょう。

経済が発展するためにはイノベーションが必要です。そして、イノベーションを生むのはAIではなく、人間の創造力です。論理的な思考ではとても生まれない、ぶっ飛んだアイデアが、イノベーションの源泉だからです。

ただし、ぶっ飛んだアイデアは1000個とか1万個とか10万個とか、とにかくたくさん出てこないと、その中からビジネスで本当に成功するイノベーティブなアイデアは生まれません。たくさんのチャレンジがあって、99％は墓場行きでも、1％か0・1％か、それ以下しか残らない。これが商売の厳しさです。

ＡＩが神のように正しければ、常に正解のイノベーティブなアイデアを生み続けられるでしょうが、残念ながらＡＩでそれを行うのは不可能です。

ソフトバンクのロボット「Ｐｅｐｐｅｒ」の感情エンジンを生み出した東京大学大学院の光吉俊二特任准教授に伺ったところ、「ＡＩは、パターン認識は得意だが、未知のパターンはそもそもパターンと認識することができない。未知のものをパターン認識できるのは人間の頭脳でしかできない」と言います。

つまり、既存の枠組みを外れた突拍子もないアイデアを創造し、チャレンジするイノベーションこそが、人間が得意とするところなのです。

では、この宝くじ以下とも言える極めて低い確率のギャンブルを成功に導いて経済を発展させるため、銀行はどんなサポートができるのでしょうか？

ＩＴ化が進もうと、ＡＩ化が進もうと、銀行にできることはお金を必要とする人に資金を貸し出すことです。つまり、イノベーションに対する銀行の一番の貢献は、融資なのです。

だからと言って、これまでのような枠組みで確率の低いギャンブルのようなイノベーションに融資することは危険です。バブル期にリスクを負いすぎた銀行のあやまちを繰り返すことになります。

では、どうすればいいのか？ 答えは、融資をやめることです。

「??」

さっきは、銀行は融資しか貢献できないと言ったくせに、今度は融資をやめろ？ 矛盾していると思うかも知れませんが、そうではないのです。銀行は融資をやめたほうがいいのですが、資金調達のお手伝いはむしろ積極的にやるべきなのです。

どういうことか説明しましょう。

銀行の融資とは、広く預金者から預かったお金を、必要とする人に貸し出すことです。お金の出し手は預金者、融資をするかどうかを判断するのは銀行の融資部門の銀行員です。融資部門の銀行員は、他人のお金を預かって、別の他人に貸す。これまで当たり前とされてきた銀行の「間接金融」こそが、無責任体質の根本的な原因でした。

誰しも自分のお金なら慎重になります。それが、他人のお金なら大胆になれます。自腹なら安居酒屋で飲むのに、会社の経費ならもっと高いところで飲む。ひるがえって、自分のお金でないと無責任になって、銀行はヤクザにも融資してしまう。この無責任体質を生むビジネスモデルこそが、銀行腐敗の根本原因なのです。

ならば銀行が、他人から預かったお金を他人に貸すというビジネスモデルをやめればいい。銀行は融資しない。でも、資金調達のお手伝いはする。

どうするかというと、銀行は預金者に債券、株式、投資信託など、さまざまな金融商品を紹介するのです。そして、預金者は自分の判断、自分のリスクで、投資をします。

言ってみれば、銀行は巨大な〝金融商品のマッチングサイト〟になって、仲介手数料を得るというビジネスモデルに転換するということです。このマッチングをするのは人ではなく、ITやAIですから人を排除できます。

銀行が融資をやめてしまえば、これまでのような金利のつく預金口座（普通預金、定期預金）は廃止して構いません。金利がつかない当座預金だけにするのです。預金者は銀行から金利をもらうどころか、銀行に口座管理手数料を払わなければいけないことになります。

「100％準備銀行」という新たなスキーム

当座預金は金利ゼロなので、金利が欲しい預金者はリスクを負って、債券、株式、投資信託などの金融商品を買って運用しなければなりません。

何に投資したらいいかわからない人は、プロのファンドマネジャーが分散投資して運用している投資信託を買えばいいでしょう。

逆に資金を調達したい企業は、銀行を通して預金者に社債や株式を売れば、まとまった資金を得ることができます。銀行のシステムに一般的な金融商品の他、クラウドファンディングの仕組みなども組み込めば、なおいいでしょう。システム開発がコスト高なら、外部システムとの連携を図ればいいと思います。

金融商品の情報開示や商品購入に関わる決済などの枠組みは、すでにネット証券で確立して運用されています。別に新しい仕組みでも何でもありません。銀行のネットバンキングを証券会社と連動すれば、即座に実行可能なことです。

実際、楽天銀行と楽天証券の間では、限りなくシームレスにシステムが連携されており、お互いの口座の連携による「マネーブリッジ」というサービスを展開しています。他の銀行も、これを真似すればいいだけです。

消費者金融は現在も形式上は別会社ですし、事業向け融資は証券会社のシステムで代用可能です。これなら銀行は融資業務から完全撤退できます。

こうなれば、銀行は他人のお金を銀行員の裁量で別の他人に貸すという構造から抜け出すことができます。審査は預金者本人の裁量にゆだねられ、それに必要な情報は一定の開示基準に従って、お金を集める本人がシステムを通じて提供するのです。

これでリテール業務からも融資業務からも、徹底した人の排除が可能になります。収益力が増した銀行は、各種手数料を値下げすることが可能です。銀行間で手数料の値下げ競争が激化すれば、個人の預金者や資金調達をしようとする企業にも大きなメリットが生まれます。

しかも、このような形態の銀行は、「取りつけ騒ぎ」と原理的に無縁です。

銀行が預かっているお金は、金利のつかない当座預金に入っているか、預金者の自己責任で金融商品に投資されているかのいずれかです。これなら、預金者からの預金引き出し請求に対して、いつでも１００％応じることができます。

このように、当座預金の残高と同額のお金が準備されている銀行を「１００％準備銀行」と言います。私はこのアイデアを駒澤大学の井上智洋准教授に学びました。

銀行は当座預金と同額の現金を常に保有しているため、仮に全預金者が一斉に当座預金を引き出しても、その支払いが可能です。金融商品についてはそれぞれの償還ルールに従って償還されるのみで、銀行に責任は生じません。

もちろん、現金（紙幣や硬貨）で引き出すとなれば、物理的にそれを保有していない場合は一時的に支払いに対応できない可能性はありますから、現金の引き出しには制限がかかるかもしれません。しかし、預金残高全額を別の銀行に振り込むという対応はできます。

預金者も銀行窓口で現金を引き出すより、預金残高を全額瞬時に他行に振り込んだほうがずっと楽で安全ですから、問題は生じないでしょう。

融資事件もオーバーバンキング問題も解消

「100%準備銀行」は融資をしませんから、不良債権を抱える心配もありません。

「戦後最大級の経済事件」と言われたイトマン事件は、融資先の倒産で損失をこうむりそうになった住友銀行が、社長を送り込んだことで始まりましたが、そういうことは一切なくなります。預金者は自己責任で金融商品に投資するので、銀行には一切責任が生じないからです。

「100%準備銀行」というビジネスモデルによって現在、最大の懸案事項となっているオーバーバンキング（銀行過剰）の状態も解消されます。なぜなら、銀行は多額のシステム化投資を1行で負担するより、何行か集まってやったほうが得なので、銀行横断的なシステム統合が進まざるを得ないからです。

その際、その銀行独自の帳票類は大幅に整理統合されます。結果として、おそらく日本全体で10以下の勘定系システムに統合されるのではないかと私は予想します。

究極的には1つに統合される可能性もありますが、そうなると独占禁止法上問題が生じるので、政府の介入が必要になります。このあたりは実際に運用してみないと何とも言えない部分ですが、少なくともいまの護送船団方式とは別次元での業界再編が進むことは間違いありません。

ただし、システム統合と言えば、みずほ銀行の通称「デスマーチ」のような問題が発生する可能性はあります。みずほ銀行は２００２年から始まったシステム統合がいまだに終わっておらず、ようやく２０１９年７月に移行作業を終える予定になっています。

なぜこんなに長引いているかというと、もともと第一勧銀は「富士通」、富士銀は「日本ＩＢＭ」、興銀は「日立」と、旧母体行ごとにシステムベンダーが入っていたからです。また、極めて愚かしいことに「支店コード００１」をどの店が得るかといった小さすぎる問題を旧母体行の出身者同士で争っていたこともあり、２００２年と２０１１年には大規模なシステム障害を起こしました。

なぜそんな時代遅れの銀行から預金者は逃げないのか？

答えは簡単です。これまでは代わりがいなかったから。ただ、それだけのことです。

２０１８年12月にソフトバンクが通信障害を起こした際、短期間に1万人の解約者が出たと言われます。それは他のキャリアという選択肢があったからです。全国の銀行がシステム統合の競争を始めたら、みずほ銀行のような時代遅れの銀行は淘汰されるでしょう。預金者は手数料が安くて利便性の高いサービスを選択するだけの話です。

ここまでくると、銀行員の数は将来的に現在の100分の1とか1000分の1になるかもしれません。そんな世の中が一日も早くやってくればいいと私は思いますが、既得権益側は激しく抵抗するでしょう。

始めのうちは、その抵抗がつっかえ棒のようになって、銀行の変革が遅々として進まないかもしれません。しかし、その抵抗は無駄なことがわかってきます。日本の銀行がやらなければ、たぶんアメリカにやられるだけですから。

ここで数学者の新井氏の指摘をもう一度思い出してください。該当箇所を再び引用します。

> だが、日本の銀行はこういうかもしれない。銀行の帳票は金融庁の定めに従っているので、帳票がなくなる日はこない、と。だが、どうだろう。より合理的な管理方法が国際標準になったとき、否、アメリカ標準になったとき、アメリカは「帳票」の存在そのものを、非関税障壁として槍玉にあげることはないのだろうか?
>
> ――［出典：LINEの銀行業参入が、下り坂の日本に突きつける「重い課題」　現代ビジネス（講談社）］
>
> https://gendai.ismedia.jp/articles/-/58770

国内問題でグダグダしているうちに、外圧が高まり、雪崩を打ってすべてが変わる。繰り返しますが、江戸幕府と同じことです。しかも、この問題に限って言えば、日本の〝ガラパゴス銀行〟よりＧｏｏｇｌｅ銀行のほうが圧倒的に顧客利便性は高く、日本の銀行が抱えている問題の解決性にも優れています。

単なる日米の力関係とか陰謀論のようなものではなく、そこまで日本の銀行が腐っているというのが問題なのです。日本の預金者がむしろ黒船を歓迎してしまう素地がある。これは由々しき問題ではないでしょうか。

終章

日本の銀行が変わる究極のプラン

金融立国になる一発逆転のチャンス

既得権を守るために撤退戦を戦うより、日本は自ら身を切る改革に着手し、アメリカと一緒に世界標準を作る側に回ったほうが得ではないでしょうか？

徳川幕府のように滅亡するまで旧体制にしがみつくなら、かつての電電公社（現・ＮＴＴ）のように、まだ力があるうちに通信自由化に応じてしまったほうが結果はずっとマシです。

１９８５年以前、国内通話は電電公社、国際通話は国際電電（ＫＤＤ）によって独占されていましたが、通信自由化で他の企業が参入することを可能にして、競争により通信料金を下げようとしました。これ以降、いわゆる「新電電」が続々と生まれましたが、ＮＴＴは生き残りました。

また、いくらアメリカのＩＴ企業が優秀でも、「１００％準備銀行」のような究極のアイデアを実現するには、政府の協力が必要です。アメリカの銀行業界にもさまざまな思惑があり、まとめるのは大変です。

もし、日本が官民一体となってアメリカより先にこうした斬新で大胆なアイデアを実行すれば、文字通り「金融立国」に生まれ変わるかもしれません。一発逆転の大チャンスです。

果たして、日本にそんな希望はあるのか？

大変残念なことに、そんな希望を打ち砕く悲惨な事実があります。金融改革の代理変数ともいえる政府系金融機関の改革です。

小泉政権時代に完全民営化することが決定した政府系金融機関でしたが、いまだに存在します。しかも、それぞれが本当にろくでもないのです。

２０１７年５月、まさにその１つである商工組合中央金庫（商工中金）が大変な不祥事を起こしました。

> 政府系金融機関の商工組合中央金庫（商工中金）は25日、危機対応業務を巡る不正融資問題の調査結果を中小企業庁に提出した。報告にはほぼ全店で不正があったとの認定が盛り込まれた。
>
> 商工中金の発表によると、大規模災害時などに中小企業に低利で融資する「危機対応業務」を巡り、４６０９の口座で不正が見つかった。融資実行額は２６４６億円。不正行為をした職員は４４４人で、全職員の１割超にあたる。
>
> 全件調査の対象は約22万口座。このうち２％で業績資料の改ざんなどの不正があった。国内ほぼすべての97営業店が関与していた。危機対応業務以外でも、預金口座を開

設する際に申請者が反社会的勢力でないことを事前確認する作業を怠っていた事例も判明した。

―【出典：不正融資、4600口座で　商工中金「ほぼ全店関与」報告　日本経済新聞（2017年10月25日）】

https://www.nikkei.com/article/DGXMZO22681100V21C17A000000/

商工中金は「危機対応業務」の実績欲しさに数字を作り、「反社会的勢力」かどうかを確認もせずにお金を貸していました。国から予算を一度もらったら二度と手放さない。融資実績がなければ予算を減らされるという危機感から、不正融資に手を染めました。そのやり方は、典型的な「スルガスキーム」です。

引責辞任した商工中金の安達健祐社長は、経済産業省の元トップ、事務次官でした。またもや偏差値エリートが、ヤクザに騙されたケースです。

この事件で金融庁は二度の業務改善命令を出しています。いったい、何度同じことを繰り返せば気が済むのでしょうか。ホトホト愛想が尽きます。

政府系だろうと民間だろうと、銀行のやっていることは変わりません。政府だから正しいとか、地位の高いキャリア官僚だから正しいなどということはありません。

官僚としてはトップの事務次官に上り詰め、優秀だったかもしれない安達氏でしたが、銀行経営者としてはまったく通用しませんでした。まさに天下りの弊害です。

政府系金融機関は、商工中金の他、国際協力銀行、日本政策投資銀行、日本政策金融公庫、住宅金融支援機構などがあります。商工中金だけ、政府と民間の資本が混在していますが、それ以外はすべて政府出資の特殊法人です。それぞれの銀行のトップの氏名と役所時代の肩書をリストにしてみましょう（2019年5月末現在）。

国際協力銀行　前田匡史（代表取締役総裁）　↓　プロパー
日本政策投資銀行　木下康司（代表取締役会長）　↓　元財務省事務次官
日本政策金融公庫　田中一穂（代表取締役総裁）　↓　元財務省事務次官
住宅金融支援機構　加藤利男（理事長）　↓　元国土交通省都市局長

国際協力銀行のみトップの総裁はプロパーの前田匡史氏ですが、代表権のある副総裁には元財務省の大物官僚で国税庁長官を務めた林信光氏が据えられています。

商工中金は不祥事で世間の注目を浴びたため、元プリンスホテル専務の関根正裕氏が社長となっています。とはいえ、専務の鍛治克彦氏は元経済産業省地域経済産業審議官、常務の河野一郎氏は元財務省東北財務局長というバリバリの天下りです。
まさに岩盤規制と利権の塊です。そして、ご多分に漏れずトラブルも起きています。

日本政策金融公庫・田中一穂総裁は、「誠に申し訳ございませんでした」と謝罪した。日本政策金融公庫は、業務のシステム開発に関する入札で、元業務委託先の職員や公庫の職員らが、富士通に対して、入札スケジュールなど、公開前の情報を漏えいしていたと発表した。

——【出典：政府系金融機関の職員が、入札情報を漏えい　FNNプライムオンライン】
https://www.fnn.jp/posts/00408531CX

情報漏えいがあった入札は3件で、その総額は約40億9000万円だそうです。政府系だからコンプライアンス意識が高いと思ったら大間違いなのです。

現状はトンデモなく金融後進国

これらの政府系金融機関は、そもそも小泉内閣時代に完全民営化することが決定していました。ところが2008年にリーマン・ショックが発生し、民間の銀行がいっせいに融資を絞ると、反対に政府系金融機関が貸出件数を増やし、それほど業績がよくない企業にも資金供給をしました。このこと自体は間違ってはいませんでしたが、天下り先を温存する口実になってしまったのです。

権益を守ろうとする族議員や官僚は「政策金融の重要性」を訴えます。財務省によると、「政策金融とは、公益性が高いものの、リスクの適切な評価が困難な場合や、深いリスクテイクをすることが必要な場合など、民間金融機関のみでは適切な対応が十分できない分野において、融資や投資、保証などの金融的手法によって目的を達成する政策手段」ですが、2009年の民主党政権誕生から官僚側がさらにやりたい放題となり、完全民営化どころか逆行し始めたのです。

リーマン・ショックへの対応を失敗し、傷口を広げたのは日銀です。現場で政府系金融機関がいくら頑張ったところで、当時の白川総裁のデフレ路線がずっと続いていたら、不良債権の山ができていたことでしょう。

日銀の失態も含めて経済危機はいい口実に使われ、政府系金融機関は温存されました。最近では自民党が、「セーフティーネット（安全網）マネー」などと言い出して、ますます政府系金融機関を温存する機運が高まっています。

政府系金融機関は政府に近い分だけ、無理やり案件を作り出す能力が妙に高いところが問題です。地方自治体が所有する無駄な公共施設の建設資金も、補助金の他にこういった政府系金融機関の融資を使っているものがたくさんあります。

維持費を考えずに建設された建物は、永久に地域の税金を食い続ける〝お荷物〟になっていきます。むしろ、株主に対して説明責任があり、利益を上げることを求められる民間の銀行ではあり得ない採算無視の乱脈融資が、政府系金融機関の場合続いてしまいます。

ところが、政府および与党は、いまだに政府系金融機関の温存に向けて、細かい理屈をこねくり回しています。「100％準備銀行」「Google銀行」など夢のまた夢の状態です。

印鑑すら廃止できない現状はトンデモなく後進的で、そこから一歩も出られない状況です。このままでは再びアメリカから黒船がやってきて、日本の銀行は軒並み潰れてしまうかもしれません。いや、アメリカどころではなく、LINEを運営している韓国の大手IT企業の銀行業参入が事実上の黒船になる恐れもあると、前出の新井氏は警告しています。

銀行業にすぐに参入できそうなＩＴ企業は、世界中にたくさんあります。日本のネット企業も楽天のように頑張って銀行業に参入しているところもありますが、あまりにもバカバカしい規制の数々に相当苦労している様子です。

日本の切り札になるかもしれない新しい銀行を苦しめて、一体どうするのでしょうか？日本の財務省、金融庁、日銀の〝敵味方識別装置〟は、ぶっ壊れているとしか私には思えません。日本の銀行にも、金融行政にも、まったく期待できません。

日銀による円の仮想通貨化

私は、こんな絶望的な状況を一発逆転する秘策を考えつきました。これさえやれば、否応なしに日本の銀行が変わるという〝究極のプラン〟です。

それは日銀による円の仮想通貨化です。

ブロックチェーン（分散型台帳）の技術を使って、日本円と「１：１」でペッグ（連動）した「円コイン」を発行し、最終的には現金（お札と硬貨）を廃止して仮想通貨に統合する。

これが究極プランです。

現金志向が根強い日本では、現時点において欧米や中国、韓国に比べてキャッシュレス化がかなり遅れています。

経産省の推計によると、日本のキャッシュレス決済の比率は２０１５年で20％弱でしかありません。韓国は90％弱、中国は60％ほど、欧米諸国は40～50％台です。そもそも現金は、紛失や盗難、偽造など、リスクの高いものでもあります。

円コインを導入することで日本から現金が消えれば、そう遠くない将来に銀行の窓口業務が消滅するでしょう。期せずして銀行のリストラも大幅に進みます。そして、現金を使わないキャッシュレス社会も実現できます。

日銀は常に物価上昇（インフレ）率が2％以上になるように円コインを発行しますが、発行した円コインは、生活に最低限必要な所得を保障する「ベーシックインカム」として全国民に平等に配ってしまいます。国民は、もう働かなくても生きていけるのです。その際、マイナンバーと紐づいたネットバンキングが役立つでしょう。

「円コイン」によるベーシックインカム

これまで日銀は通貨（お札と硬貨）を発行しても、それを使って銀行から国債を買うだけで、国民に直接は配っていませんでした。

そのお金と国債の流れは、次のようになります。

国債の流れ　日銀↑民間銀行↑政府
お金の流れ　日銀↓民間銀行↓政府↓（財政政策）↓国民

政府は国債を売って得た資金を使って財政政策を行いますが、その際にいろいろな裁量や政治力が働いて財政分配は不平等になりがちです。また、国債を売って資金を得た民間の銀行も、ろくな使い方をしないことはもう十分すぎるほど指摘しました。

政府も銀行も信用できないのなら、資金は国民に直接配り、使い方は個々人に任せるしかありません。そのために日銀を使うのです。

現在、日銀は望ましいインフレ率を達成するため、日々お金の量を調節しています。具体的には、国債を購入することで市場に資金を供給してインフレ目標2％を達成しようとしています。

ところが、財務省が財政健全化にこだわってちっとも国債を発行しないため、金融調節機能が限界を迎えています。

ならば、国債など買わなくても、直接国民に配ることで金融調整すればいいのです。マイナンバーで名寄せした銀行口座に日銀から円コインを直接振り込む。これで面倒な国債の売買や財政政策なども不要となります。

これは国民による究極の自己決定であり、ある種の経済民主主義です（オリジナルのアイデアは駒澤大学の井上智洋准教授のものです）。

日本のインフレ率は2019年4月時点で0・6％（コアコアCPI）であり、目標の2％には遠くおよびません。政府がお金を使わないなら国民に使ってもらって、望ましいインフレ率（インフレ目標）を実現すればいいのです。

お金の流れ　日銀 → 国民

もし、政府が大規模な財政政策を行うために資金を調達する場合、「100％準備銀行」に仲介してもらって国民に直接、国債を売ります。例えば、教育無償化資金を募る「教育国債」や、国のインフラ整備に使う「建設国債」など、そういった国家によるプロジェクト・ファイナンスが想定できます。

資金が集まるかどうかは、アイデア次第です。官僚は頭をひねって日本経済の発展に少しでもプラスになるプロジェクトを考えざるを得ません。

お金の流れ　国民↓（各種国債）↓政府↓（財政政策）↓国民

教育国債によって教育が無償化されれば、すべての子供たちが大学や大学院まで進学できるようになります。その中から数万分の1、数百万分の1の確率で、ものすごいイノベーションを生む人材が育つかもしれません。

イノベーションは経済を拡大し、経済の拡大は税収を増加させます。政府は増加した税収を教育国債の金利や元本償還の財源として使えます。

インフラ整備についても、これとまったく同じスキームです。建設国債はすでに発行されているので、これについては法令上の問題もないはずです。

これまで日銀は、国債市場で銀行から国債を購入することで、間接的にお金を市場にバラまいてきました。しかし、このやり方だと日銀が国民に直接お金を配るわけではないので、銀行が積極的に融資しない限り、世の中全体のお金の量は増えませんでした。

ちょっとやそっとの金融緩和だと銀行が尻込みして積極的な融資をしないので、日銀は年間80兆円もの資金を供給してきました。それでも銀行の融資の伸びは鈍く、貸出先も旧態依然たるものであることも、すでに指摘した通りです。

これに対して円コインを国民に直接配るという方法は、中間に銀行を介在させないだけでも優れています。これまで日銀は世の中全体のお金の量であるマネーストック（通貨供給量）を直接コントロールすることは不可能でしたが、円コインの導入で日銀はついにその術を手に入れることができるのです。

マネタリーベースとマネーストック

金融に詳しくない人にはわかりにくい話かもしれませんので、ここで詳しく説明しておきましょう。

日銀はお金（お札と硬貨）を発行しているにもかかわらず、マネーストック（世の中全体のお金

	2012年11月		2018年11月
マネーストック（通貨供給量）	1506兆円	→	1788兆円（282兆円増加）
マネタリーベース（資金供給量）	124兆円	→	501兆円（377兆円増加）

※マネーストックは広義流動性の数値とした

の量）を直接コントロールすることはできません。なぜならマネーストックは、民間の銀行が融資をするかしないかに左右されるからです。

日銀は民間の銀行に融資を増やすように働きかけたり、その逆をやったりして、間接的にコントロールするだけなのです。日銀は、民間の銀行にさまざまな影響を与えられるものの、融資金額を1円単位でコントロールするマイクロマネジメントはできないということです。

世の中全体に出回るあらゆるお金のうち、日銀がコントロールできる部分はマネタリーベース（資金供給量）と言います。マネタリーベースは、市中に出回るお金（お札と硬貨）と、民間の金融機関が日銀に預けている当座預金残高の合計額です。

マネタリーベース（資金供給量）＝日本銀行券発行高＋貨幣流通高＋日銀当座預金

日銀は自らコントロールできるマネタリーベースを増減させることで、民間の銀行にシグナルを送ります。例えば日銀が民間の銀行から国債を大量に購入すると、その代金は日銀当座預金に振り込まれるため、民間の銀行は日銀当座預金に振り込まれた資金を個人や企業に融資することで市中に出回るお金が増えます。

ただし、この方法にも問題があります。前ページの表で実際の状況を見てみましょう。日銀のコントロールによるマネタリーベースの増加の割に、世の中全体のお金の量であるマネーストックは伸びていません。実は、マネタリーベースによる金融調節は、銀行を仲介する分、〝効きの悪いアクセル〟に似ているのです。

２０１８年11月、日銀がマネタリーベースを６・２％（前年同月比）増加させましたが、マネーストックは１・８％（前年同月比）しか増えていません。これは銀行融資が機能していない証拠でもあり、これが効きの悪いアクセルにたとえられる所以です。

２０１３年４月以降、デフレ脱却や景気刺激のために日銀の黒田東彦総裁が、「黒田バズーカ」とも呼ばれる強力な金融緩和策を２回発動し、爆発的な円安と株高をもたらしました。この金融緩和が始まったときは、マネタリーベースが23・１％増加したにもかかわらず、マネーストックはわずか１・９％しか増加しませんでした。

しかし、これほど効きの悪いアクセルでも、たくさん踏み続ければ、いずれ加速していきます。大きな船も舵を切り続ければ、ゆっくりと曲がっていくのと同じことです。

現状からすると、マネーストックを18％伸ばしたければ、マネタリーベースを62％伸ばせばいい計算になります。そのため日銀は、物価上昇（インフレ）率が2％に達するまでなら、無限に通貨を刷ることが許されています。

ところが現状、日銀は国債を購入することで市場にお金をバラまくため、財務省による国債の発行量が減れば、自動的に日銀のバラマキも打ち止めになってしまいます。

もちろん、日銀がリスクを負って財務省を無視して、お金を何らかの形（外債購入など）で配ることは可能です。しかし、肝心の日銀と銀行は、トンデモなく臆病なのです。

かつて白川総裁は日銀の無策をすべて民間の銀行や企業のせいにするかのように、「資金需要がないからお金の供給を増やしても無駄」といった趣旨の言い訳に終始していました。民間の銀行はリスクを負って融資しようとしないし、融資したとしてもそれはヤクザか詐欺師に向けられたりするという話は、すでに耳にタコができるほどしました。

世の中全体のお金であるマネーストックに影響を与えるには、日銀と民間の銀行という臆病な操縦士が連携してリスクを負わなければ始まりません。アベノミクスの当初は、それが実現できるかもしれないと希望を持っていましたが、この臆病者たちのせいで最近はかなり雲行きが怪しくなっています。

金融調節用ＡＩとＰａｙＰａｙの類似点

話を「円コイン」に戻しましょう。日銀が円コインを発行し、国民に直接配るようになれば、日銀のマネタリーベースを通じた貨幣量の調整という仕組みは不要になります。日銀は直接、世の中全体のお金の量であるマネーストックに働きかけられるからです。

私たち国民は「１００％準備銀行」を通じて、さまざまな金融商品を購入することで、自ら信用創造を行います。銀行の融資は不要です。

読者の皆さんの中には、日銀が円コインを発行しすぎてインフレ率の上昇が止まらなくなるのではないかと、心配される方もいるでしょう。

もちろん、日銀が円コインを国民1人当たり1兆円も配るような極端なことをすれば、即座にハイパーインフレが発生します。しかし、日銀の円コイン発行は、インフレターゲット（物価目標）の上限範囲に到達した時点で止まります。例えば、こういうことです。

日銀の物価（インフレ）目標の範囲を2％から4％の間とした場合、この範囲内にあるうちは一定の速度で円コインを発行し続けます。その発行量は範囲の上限に近づくにつれて漸減し、上限を超えた時点で発行が停止されることで適切なコントロールが可能になります。

逆に、インフレ率が下限の２％に近づいたら発行量が漸増し、もし下限を下回ったとしても、それまで以上の円コインを発行することで適切なコントロールが可能になるわけです。

しかも、これらの調節を行うのは、将来的には人間ではなくＡＩになります。人間はそのプログラムを監視し、時々アップデートをするサポート的な役割を担うようになります。

金融調節用のＡＩに円コインの決済データをすべてリアルタイムに読み込ませれば、現状のサンプル調査よりも、ずっと正確な物価データを収集することが理論上可能です。これをもとに円コインの発行量を増減させることは、それほど難しいことではありません。

マイナンバーで名寄せした銀行口座に日銀から直接振り込むやり方と、円コインを使うやり方の最大の違いがこれです。円コインは、ばら撒いた後もそれがどのように使われたか追跡することが可能であり、リアルタイムに近い形で物価を把握することが可能です。これをそのまま金融調節の指標として使ってしまえばいいのです。

こうすることで現在、日銀が抱えている企画局の高給な職員も、豪華な保養所も、すべて不要になります。保養所などの資産は国民に返してもらいましょう。そして、日銀政策審議委員に必要なスペックは、経済学の知見に加え、数学やコンピューターサイエンスなどになってきます。それら学問の枠外にある市場やビジネスに精通した、叩き上げの商売人も入るべきかもしれません。

このような金融調節AIが誕生すれば、リーマン・ショックのような大規模な経済危機があっても、物価目標を下回った分だけ円コインが発行されて、即座に国民に分配されることになります。国民はそのお金を投資に回すので、企業が資金繰りに困って倒産することもありません。政府系金融機関による政策融資などは、この時点で不要となります。完全民営化するか、解散して保有資産は国民に返してもらいましょう。

とはいえ、「いくら国民にお金(円コイン)を直接配っても、将来不安で投資なんか増えないだろう」という反論もあるかもしれません。でも、もし国民が円コインを投資に回さないとしたら、お金が死蔵されることになるので物価が下がります。これはインフレ率が物価目標を下回ることを意味するため、金融調節AIはさらに多くの円コインを発行して国民に配ることになります。これは何かに似ていませんか?

2018年12月、ヤフーとソフトバンクが出資するスマートフォン決済会社、PayPay(ペイペイ)が100億円のキャッシュバックキャンペーンを実施したところ、当初の予定を大幅に前倒しして10日間で100億円に達して終了した、あれにそっくりです。

金融調節AIはデフレが進行すればするほど、大規模な円コインのバラマキキャンペーンを実施します。その規模は100億どころではありません。下手をすると「兆」の単位です。〝たった100億円〟であの騒ぎですから、それが兆単位ともなれば、国民の財布の紐はユルユルになることでしょう。

もちろん、これにも反論はあります。「一時的なバラマキでいくら盛り上がっても、その後で大きな反動減があるのではないか？」といった反論です。しかし、これは的外れです。なぜなら、金融調節ＡＩの場合、物価目標を下回るたびに何度もこのキャンペーンを実施することがプログラムされるからです。

例えば、最初は1日1万円の円コインが配られたとして、これが10日後に10万円になったとしましょう。当初はお金をすべて貯金していた人も、10万円もらったらさすがに1万円ぐらいは使ってもいいかなと思うのではないでしょうか？

まさにＰａｙＰａｙのキャンペーンと同じ心理的な効果があるのです。

イノベーションを加速するための燃料になれ

銀行から人を徹底的に排除すれば、銀行が抱えているあらゆる問題は解決します。解決したうえに、弱点がすべて強みになるかもしれません。

また、いまある仕事はどんどんＡＩに代替されるかもしれませんが、円コインをもらいつつ食うことに困らない生活を手に入れることができれば、その生活の余裕でもって人間にしかできないチャレンジができるようになります。

それこそが、突拍子もないアイデアを考えて実行に移すこと。そう、イノベーションを起こすことなのです。そのチャレンジは99・9%以上の確率で失敗するかもしれませんが、たくさんチャレンジすれば1つか2つの正解が生まれます。その正解をさらに改良するようなアイデアがたくさん生まれ、そこからまた1つか2つの正解が生まれる。人類はこのような困難なプロセスを経てイノベーションを起こし、文明をここまで発展させてきました。

さまざまな材料を組み合わせることは、イノベーションの基礎です。そして、広く薄くお金を集めて投資し、リターンを分配する仕組みが生まれることでチャレンジの絶対量が増えてきました。その結果、文明の進歩の速度は速まったのです。

本来、金融はイノベーションを加速するための燃料です。ところが、日本の金融は既得権を守り、危機を助長し、不祥事を繰り返す〝お荷物〟になっています。いったい、いつまでこの国の足を引っ張るつもりでしょうか？　それともこの先、銀行はある日突然目覚めて改革を断行し、再び文明の発展に貢献できるものに変わるのでしょうか？

私はかつて銀行業に少しでも携わった者として、日本の銀行業界および監督官庁が後者の道を歩むことを希望してやみません。

［著者］

上念 司（じょうねん・つかさ）

1969年東京都生まれ。1993年中央大学法学部法律学科卒業。在学中は日本最古の弁論部・辞達学会に所属。日本長期信用銀行、臨海セミナーを経て独立。2007年より経済評論家・勝間和代と「株式会社監査と分析」を設立。取締役・共同事業パートナーに就任。現在は代表取締役。2010年、米国イェール大学経済学部の浜田宏一名誉教授に師事し、薫陶を受ける。リフレ派の論客として経済政策、外交防衛政策など著書多数で『経済で読み解く日本史 全5巻』（飛鳥新社）、『財務省と大新聞が隠す本当は世界一の日本経済』（講談社＋α新書）などがある。テレビ、ラジオなどでも活躍中。

もう銀行はいらない

2019年7月17日　第1刷発行
2019年8月1日　第2刷発行

著　者――上念 司
発行所――ダイヤモンド社
〒150-8409　東京都渋谷区神宮前6-12-17
http://www.diamond.co.jp/
電話／03･5778･7227（編集）　03･5778･7240（販売）

装丁・本文デザイン――三森健太（JUNGLE）
校正――――鷗来堂
製作進行――ダイヤモンド・グラフィック社
印刷――――堀内印刷所（本文）・新藤慶昌堂（カバー）
製本――――ブックアート
編集担当――斎藤 順

ISBN 978-4-478-10649-5